새로운 도서,
다양한 자료
동양북스
홈페이지에서
만나보세요!

www.dongyangbooks.com
m.dongyangbooks.com

※ 학습자료 및 MP3 제공 여부는 도서마다 상이하므로 확인 후 이용 바랍니다.

홈페이지 도서 자료실에서 학습자료 및 MP3 무료 다운로드

PC

❶ 홈페이지 접속 후 도서 자료실 클릭
❷ 하단 검색 창에 검색어 입력
❸ MP3, 정답과 해설, 부가자료 등 첨부파일 다운로드
  * 원하는 자료가 없는 경우 '요청하기' 클릭!

MOBILE

* 반드시 '인터넷, Safari, Chrome' App을 이용하여 홈페이지에 접속해주세요. (네이버, 다음 App 이용 시 첨부파일의 확장자명이 변경되어 저장되는 오류가 발생할 수 있습니다.)

❶ 홈페이지 접속 후 ☰ 터치

❷ 도서 자료실 터치

❸ 하단 검색창에 검색어 입력
❹ MP3, 정답과 해설, 부가자료 등 첨부파일 다운로드
  * 압축 해제 방법은 '다운로드 Tip' 참고

중국어뱅크 | 한국인의 한국인에 의한 한국인을 위한 중국어 회화 시리즈

THE GOD OF CHINESE

중국어의 신

이강재 · 이미경 · 초팽염 지음

STEP 2

동양북스

중국어뱅크

중국어의 신 STEP 2

초판 1쇄 발행 | 2019년 8월 15일
초판 4쇄 발행 | 2023년 9월 10일

지은이 | 이강재, 이미경, 초팽염
발행인 | 김태웅
기획 편집 | 김상현, 김수연
디자인 | 남은혜, 김지혜
마케팅 | 나재승
제 작 | 현대순

발행처 | ㈜동양북스
등 록 | 제 2014-000055호
주 소 | 서울시 마포구 동교로22길 14 (04030)
구입 문의 | 전화 (02)337-1737 팩스 (02)334-6624
내용 문의 | 전화 (02)337-1762 dybooks2@gmail.com

ISBN 979-11-5768-539-4 14720
ISBN 979-11-5768-535-6 (세트)

《중국어뱅크 중국어의 신》이 나오기까지

1992년 중국과 국교를 수입한 이후 우리나라의 중국어 교육은 비약적인 발전을 거듭하고 있다. 지난 약 30년 동안 중국은 우리에게 4천 억 달러 이상의 무역 흑자를 안겨 주었고, 양국의 인적 교류가 확대되면서 서로에 대한 이해의 폭이 넓어지고 있다. 그럼에도 불구하고 국내의 중국어 교육은 아직 초보적인 단계에 머물러 있으며 우리나라의 실정에 맞는 한국인을 위한 교재의 편찬이 그다지 활발하지는 않다.

집필진은 2014년 당시 단계 중국어 교육에 대한 반성과 미래의 과제를 생각하면서 3년여의 준비를 거쳐 〈The Chinese-중국어의 길〉이라는 제목으로 출판되었다. 이 책이 출판되기까지 집필진은 국내외의 중국어 교재는 물론 교재 집필을 위한 어휘와 문법 사항에 대한 연구를 진행하였으며 교육과 연계된 평가문항의 개발까지도 살펴보았다. 이를 통해 국내 학습자에게 맞는 교재의 개발이 절실하다는 생각을 하였고 그 노력의 결실이 바로 〈The Chinese-중국어의 길〉이다.

〈중국어뱅크 중국어의 신〉은 〈The Chinese-중국어의 길〉의 수정판으로 약 3년 동안의 준비기간과 약 5년 동안 실제 중국어 교육현장에서 교재로 활용하면서 부족하다고 생각된 점은 보완하고 좋은 점은 더욱 더 부각시켜서 새롭게 수정 보완하여 출판하게 되었다.

〈중국어뱅크 중국어의 신〉은 Step1에서 Step4까지 4단계에 이르는 교재를 출판하는 목표를 가지고 있다. 우리는 이 교재의 출간이 한국적 중국어 교육을 발전시키기 위한 것이라는 믿음을 갖고 있으며, 또한 중국에 대한 이해의 폭을 넓히는 데에도 일조할 것이라 생각한다.

또한 본 교재는 〈서울대학교 교양 외국어 교재 시리즈〉로 기획되었다. 2010년 서울대학교 인문대학에서 교양 외국어 교과과정의 개편을 논의하면서 좀 더 체계적이고 우리 실정에 맞는 교재를 편찬해야 한다는 의견이 많았다. 이 과정에서 서울대학교 인문대학으로부터 교재 연구비를 수령하여 〈The Chinese-중국어의 길〉을 출판하게 되었고, 다시 〈중국어뱅크 중국어의 신〉를 수정 보완하여 새롭게 탄생시키게 되었다.

이 교재는 2012년부터 약 4개 학기 이상 가제본 형태로 제작하여 서울대 교양과정의 '초급중국어1'과 '초급중국어2' 교과목의 교재로 실험적으로 사용되었다. 또 2014년 출판된 이후 다양한 학교에서 중국어 전공 및 교양 교재로 활용되었고, 그동안 집필진은 우리나라 학습자에게 적합한 교재에 대한 지속적인 논의와 연구를 진행하였으며, 다양한 학교에서 강의를 담당해 주셨던 여러 선생님들의 좋은 의견을 청취할 수 있었다. 또 집필진들이 직접 본 교재를 사용하여 교육하면서 장단점을 발견하게 되었고, 시대적인 변화도 반영하여 좀 더 업그레이드된 교재를 선보이게 되었다. 그동안 강의를 담당해주신 모든 선생님께 이 자리를 빌어 감사를 드리고자 한다.

새롭게 출판하는 교재도 세 사람이 집필하였다. 이 세 사람은 수정본에서도 처음부터 참여하였고, 기존 책의 편찬에 도움을 주신 여러 선생님들께도 다시 한 번 감사를 드린다.

교재의 집필 과정에서 집필진은 교재를 집필하는 것은 대단히 어려운 일이라는 것을 느끼고 있다. 수정본이어서 조금은 쉬울 것으로 생각되었지만 또 다시 새로운 책을 편찬하는 마음으로 집필하게 되었다. 아직도 더 논의를 해야 할 부분이 적지 않을 것이며 여러 가지 문제점이 있을 수도 있다. 그럼에도 우리나라 중국어 교육이 좀 더 발전할 수 있다면 하는 희망과 열정으로 이 작업을 수행할 수 있었다. 끝으로 처음 교재 개발의 동력이 된 연구비를 지원해 준 서울대학교 인문대학, 그리고 그동안 도와주신 여러 선생님과 좋은 수정본을 만들 수 있도록 노력해 주신 동양북스 모든 분께 감사를 드린다.

2019년
집필진 일동

4

이 책의 특징

　이 책은 우리나라 학습자와 교육자를 최우선으로 생각하여 만든 교재이다. 따라서 기존의 교재에만 익숙한 사람은 몇 가지 측면에서 어색하게 느껴지는 부분도 있을 것이다. 그러나 저자의 의도를 생각하면서 차분하게 따라가다 보면 어느 교재보다도 우리나라 학습자의 상황을 고려한 실용성을 갖추고 있다는 것을 알 수 있을 것이다. 이 책의 특징은 다음과 같다.

한국인의, 한국인에 의한, 한국인을 위한 중국어 교재이다

중국에서 나온 교재를 우리말로 번역하거나 모방한 경우, 한국인의 특징을 고려하지 않아서 우리의 사고 체계와는 다른 형식을 갖게 되며 결과적으로 몸에 맞지 않는 옷을 입은 것과 같아진다. 가령, 문법 설명 부분에서 항상 해당 문장에 대한 문법 설명이 먼저 나오고 중국어의 다른 예문을 제시하는 방식을 채택하는 교재가 적지 않다. 그러나 한국인은 중국어로 어떤 말을 하고자 할 때 본인이 표현하고 싶은 우리말을 먼저 떠올리고, 그것을 중국어로 바꾸는 방식으로 자신의 의사를 전달한다. 그래서 본 교재에서는 기존의 방식에서 벗어나 한국어가 먼저 제시되고 그 다음에 중국어 예문이 나오고 이어서 문법 설명을 간단하게 제시하고 있다. 이는 이 책이 문법책이 아니라 의사소통 능력을 키우기 위한 회화 위주의 교재라는 점에 초점을 두었기 때문이다.

　또한 Step1의 1과는 대화문이 아니라 각각의 문장으로 편성되어 있다. 이는 한국인이라면 누구나 다 알고 있으면서 발음이 편안한 '워아이니(我爱你。)'라는 문장을 통해 학습자들이 중국어를 쉽고 친근하게 접근할 수 있도록 한 것이다.

본문에서 중국어 발음기호인 한어병음을 쓰지 않았다

대부분의 교재는 기초부터 한어병음을 병기한다. 그러나 한어병음이 중국어 아래에 바로 제시되어 있다면 학생들은 중국어 자체에 관심을 집중하기보다 한어병음을 보고 따라 읽는 데 정신을 집중한다. 이 때문에 학습자는 한어병음을 익히는 것에 소홀히 하고 정확하게 익히지 못했음에도 불구하고 이미 익힌 것으로 착각하게 되는 단점이 있다. 본 교재는 집필과 출시 전, 여러 차례의 모의 수업을 통해 한어병음 없이 중국어로 익히는 것의 효과가 더 크다는 것을 직접 확인할 수 있었다.

막강 워크북이 들어 있다

워크북을 제공하는 회화 교재가 늘어나고 있는 추세이다. 하지만 지금까지의 워크북은 적은 수의 문제만 제공함으로써 실제 학습 효과를 거두기 어려웠다. 본 교재는 워크북에서 실질적인 학습 효과를 거둘 수 있도록 의사소통의 4대 영역인 듣기, 말하기, 읽기, 쓰기 모두 워크북에 모두 담고 있다. 뿐만 아니라 난이도가 낮은 것에서부터 높은 것으로, 즉, 말하기, 쓰기, 읽기, 듣기의 순으로 워크북의 체제를 정하였다. 또한 워크북을 홀수 과와 짝수 과의 두 권으로 나누었는데, 이는 학교에서 교재로 쓸 경우 담당 교수가 채점하는 동안에도 학생들이 다른 과의 숙제를 할 수 있도록 배려한 것이다.

중국어 발음에 대한 설명을 교재의 뒷부분에 배치하였다

우리나라 중국어 학습자들은 처음 중국어를 접할 때, 막연하게 발음이 어렵거나 복잡하다고 생각한다. 그 생각이 옳다고 생각하지는 않지만 발음의 부담을 표면적으로라도 줄여 주기 위해 과감하게 교재 뒤쪽에 배치하였다. 교육자들이 처음 중국어를 접하는 학습자들에게 교육할 때나 혹은 혼자서 본 교재로 중국어 공부를 처음 시작하는 분들은 Step1 뒷부분에 있는 발음에 대한 설명을 참고하면 된다.

발음 설명에서 실제 음성을 반영하여 기술하였다

본 교재에서 설명하는 성조 곡선, 3성 성조변화, 一와 不 성조변화 등에 대한 내용은 일반 교재와 차이가 난다. 이는 그동안 음성과 관련된 학술적 성과를 반영한 것이며 모두 실제 음성을 근거로 하여 설명한 것이다.

대학의 한 학기 강의 시간에 맞게 구성되었다

보통 대학교에서 한 학기에 15주 혹은 16주 정도 수업을 한다고 볼 때 약 한 주에 1과씩 공부하여 한 학기에 본 교재 한 권 전체를 끝낼 수 있도록 하였다. 이 때문에 전체 10과로 하되 여기에 복습을 위한 두 과를 더하여, 한 학기 동안 지나치게 많거나 적지 않도록 분량을 적절하게 구성하였다. 이를 통해 학습자는 한 학기에 한 권 전체를 학습함으로써 교재 한 권을 끝냈다는 성취감을 느낄 수 있을 것이다.

100문장 익히기를 설정하였다

매 과마다 '외워 봐요!'를 통해 10문장씩 핵심문형을 설정하고 이를 집중적으로 익힐 수 있도록 하였다. 여기에 제시된 100문장을 정확하게 구사하고 말할 수 있다면 이 교재의 내용을 잘 소화했다고 볼 수 있으며 중국 현지의 초급 대화를 충분히 수행해 나갈 수 있을 것으로 기대한다.

〈더 높이 날아 봐요!〉를 통해 실생활 표현을 익히도록 하였다

각 과마다 교재에서 자세하게 다루지는 못했지만 실생활에서 매우 자주 사용하는 표현을 '더 높이 날아 봐요!'라는 코너에서 제시하여 실생활에서 바로 사용할 수 있도록 하였다. 초급 중국어를 학습했더라도 실생활에 꼭 필요한 표현을 익히도록 한 것인데, 강의 중에는 이 부분을 생략하고 넘어갈 수도 있다.

〈즐겨 봐요!〉에 인문학적인 요소가 가미되었다

언어의 학습은 동시에 해당 지역의 문화를 학습하는 것이며 원어민 화자의 사유 방식을 익혀 가는 것이라 할 수 있다. 따라서 본 교재의 '즐겨 봐요!'에서는 각종 인문학적 요소가 가미된 시가, 속어, 동요, 성어 등을 배치하여 중국어의 다양한 표현과 문화를 경험할 수 있도록 하였다.

중국어의 신!

차례

이 책의 활용 — 본책

도입

학습 목표와 내용을 확인할 수 있습니다. 삽화와 함께 제시된 핵심 표현을 들어 보세요.

생각해 봐요!

본문 ①을 한국어 문장으로 먼저 제시하였습니다. 중국어로는 어떻게 표현될지 미리 생각해 보세요.

말해 봐요!

▶ **본문 ① 대화하기** 회화 속에 기본 단어와 문형, 주요 어법이 모두 녹아 있습니다. 녹음을 들으며 반복하여 따라 읽어 보세요.

▶ **본문 ② 간추려 말하기** 본문의 회화를 평서문으로 간추린 것입니다. 같은 표현이라도 대화와 평서문에 따라 어떻게 달라지는지 잘 확인하며 반복하여 읽어 보세요.

복습 1, 2

다섯 과를 학습한 후 말하기, 독해, 듣기, 쓰기 네 파트로 나누어 각 파트를 골고루 복습할 수 있도록 구성하였습니다.

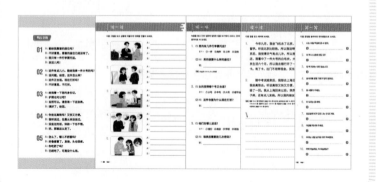

즐겨 봐요!

중국어 찬트, 자주 활용할 수 있는 성어, 유명한 시가 등으로 구성되어 있습니다. 쉬어 가는 느낌으로 한 과의 학습을 마무리해 보세요.

읽어 봐요!

본문에 나온 새 단어를 학습합니다. 녹음을 듣고 따라하면서 발음과 글자, 뜻까지 완벽하게 암기하세요.

배워 봐요!

초급 단계에서 꼭 필요한 주요 문형과 표현, 문법을 학습합니다. 예문을 반복적으로 읽으며 학습하면 더욱 효과적입니다.

연습해 봐요!

주요 문형을 바탕으로, 단어를 교체하며 반복적으로 학습합니다. 문장 구성 능력을 높이고 주요 문형을 익힐 수 있습니다.

외워 봐요!

외워 두면 회화에서나 시험에서 유용하게 쓸 수 있는 표현들입니다. 통째로 암기하여 자주 활용해 보세요.

더 높이 날아 봐요!

본문 회화의 주제를 바탕으로, 더욱 다양한 표현을 모아 놓았습니다. 문장의 뜻을 보며 단어와 문형을 익혀 보세요.

묻고 답해 봐요!

주요 문형을 바탕으로, 단어를 교체하며 반복적으로 학습합니다. 문장 구성 능력을 높이고 주요 문형을 익힐 수 있습니다.

부록

해석과 정답, 단어 색인을 정리했습니다.

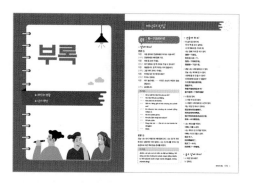
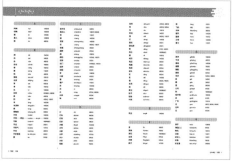

워크북

말하기, 쓰기, 읽기, 듣기의 네 파트로 나누어 각 파트를 집중적으로 강화할 수 있도록 구성하였습니다. 매 과에서 배운 단어나 표현, 문법을 다양한 유형의 문제들을 풀어 보며 완전하게 이해해 보세요.

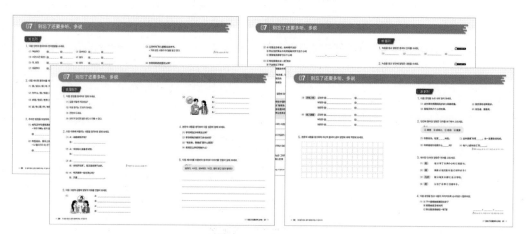

MP3 다운로드

MP3는 동양북스 홈페이지 자료실에서 무료로 다운로드 받으실 수 있습니다.
(http://www.dongyangbooks.com)

일러두기

품사 약어

명사(名词) 고유명사(专名)	명 고유	부사(副词)	부	접속사(连词)	접
대명사(代词)	대	수사(数词)	수	조동사(助动词)	조동
동사(动词)	동	양사(量词)	양	조사(助词)	조
형용사(形容词)	형	전치사(介词)	전	감탄사(感叹词)	감

고유명사 표기

① 중국의 지명은 중국어 발음을 한국어로 표기하는 것을 원칙으로 한다. 단, 우리에게 익숙한 고유명사는 한자의 독음을 표기한다.

　예 北京 베이징　天安门 천안문

② 인명의 경우, 한국 사람의 이름은 한국에서 읽히는 발음으로, 중국 사람의 이름은 중국어 발음대로 표기한다.

　예 韩雨真 한우진　王平 왕핑

등장 인물

韩雨真
Hán Yǔzhēn

한우진

한국인, 대학생

李世明
Lǐ Shìmíng

이세명

한국인, 대학생

林芳
Lín Fāng

린팡

중국인, 대학생

王平
Wáng Píng

왕핑

중국인, 대학생

01

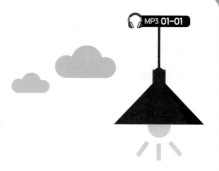

看一下您的护照

◦ 학습 목표   有 문형을 활용할 수 있다.
◦ 학습 내용   **1.** 有 문형   **2.** 동사+一下

다음 상황을 중국어로 생각해 보세요.

직원

다음 분이요! 안녕하세요! 어디로 가십니까?

한우진

안녕하세요! 베이징에 가요.

직원

여권 좀 보여 주세요.

한우진

여기 있어요. 창 쪽 자리로 주실 수 있나요?

직원

죄송합니다. 창 쪽 자리는 이미 없습니다.

한우진

그럼 아무 곳이나 주세요.

직원

부치실 짐은 몇 개 있으세요?

한우진

딱 하나 있어요.

직원

여기 놓으세요. …… 이것은 손님의 여권과 탑승권입니다.

한우진

감사합니다.

○ 공항에서 수속할 때 자주 사용하는 표현입니다. 중국 공항에서 당황하지 않도록 열심히 공부하세요.

○ 공항에서 한 번만 경험하고 말해 보면 굉장히 쉬워질 거예요.

말해 보아요!

본문 ① 대화하기

공항에서 체크인 수속을 하는 내용의 대화입니다. 뜻을 생각하며 읽어 보세요.　🎧 MP3 01-02

工作人员　下❶一位！您好！您要去哪儿？

韩雨真　您好！我要去北京。

工作人员　看一下❷您的护照。

韩雨真　给您。能❸给我靠窗的座位吗？

工作人员　不好意思，靠窗的座位已经没有了。

韩雨真　那您随便❹给吧。

工作人员　您有几件行李要托运❺？

韩雨真　只有一件。

工作人员　放这儿吧！……这是您的护照和登机牌。

韩雨真　谢谢。

본문② 간추려 말하기

본문의 대화를 평서문으로 옮긴 것입니다. 뜻을 생각하며 읽어 보세요.

MP3 01-03

今天，我要坐10点的飞机去北京。我想坐靠窗的座位，不过已经没有了。我托运了❻一件行李，换了登机牌，然后准备登机。

문법 Tip!

❶ 下는 '아래'라는 의미에서 나아가 '다음'이라는 의미로도 쓰인다.
❷ 동사 뒤에 一下가 나오면 '좀 ~해 보다'라는 의미를 가진다.
❸ 能은 '~을 할 수 있다'라는 가능의 뜻을 나타낸다.
❹ 随便은 '편하게', '좋을 대로'의 의미로 쓰인다.
❺ '有(동사)+几件行李(목적어)+要托运(동사2)'의 구조로 두 번째 동사가 앞의 목적어를 수식하도록 해석하면 자연스럽다.
❻ 了는 동사 뒤나 문장 끝에서 동작의 완료나 발생을 나타낸다.

본문에 나온 새 단어입니다. 글자, 한어병음, 뜻을 모두 익히세요.　🎧 MP3 01-04

☐ **人员** rényuán 명 직원

☐ **下** xià 명 다음, 나중

☐ **位** wèi 양 분[사람을 세는 단위]

☐ **北京** Běijīng 고유 베이징[지명]

☐ **护照** hùzhào 명 여권

☐ **能** néng 조동 ~할 수 있다

☐ **靠** kào 동 기대다, 닿다

☐ **窗** chuāng 명 창, 창문

☐ **座位** zuòwèi 명 좌석, 자리

☐ **不好意思** bù hǎoyìsi 죄송하다,
부끄럽다

☐ **随便** suíbiàn 동 마음대로 하다
형 자유롭다, 구속이 없다, 제멋대로이다

☐ **件** jiàn 양 건, 개[물건을 세는 단위]

☐ **行李** xíngli 명 짐, 수하물

☐ **托运** tuōyùn 동 탁송하다, 부치다

☐ **只** zhǐ 부 단지

☐ **放** fàng 동 놓다, 두다

☐ **登机牌** dēngjīpái 명 탑승권

☐ **飞机** fēijī 명 비행기

☐ **不过** búguò 접 그러나

☐ **换** huàn 동 바꾸다, 교환하다

☐ **然后** ránhòu 접 그리고 나서

☐ **准备** zhǔnbèi 동 준비하다 명 준비

☐ **登机** dēngjī 동 탑승하다

초급 단계에서 꼭 필요한 주요 문법입니다. 반복하여 학습하세요.

01 下一位!

- 다음 정류장은 서울역입니다.
- 다음 분은 누구세요?
- 다음 학생 말하세요.
- 다음번에 제가 살게요.

下一站是首尔站。
下一位是谁?
请下一个同学说说。
下一次我请客。

下는 '아래'라는 의미에서 나아가 '다음'이라는 의미로도 쓰인다.

단어 首尔 Shǒu'ěr 고유 서울[지명] | 同学 tóngxué 명 학우, 학생[교사가 학생을 부를 때] | 请客 qǐngkè 통 한턱내다

02 看一下您的护照

- 너 집으로 돌아가서 좀 쉬어.
- 잠깐만 기다리세요. 그 사람 곧 올 거예요.
- 이 책 재미있어, 너 좀 봐.
- 여기 볶음면 맛있어요, 맛 좀 보세요.

你回家休息一下。
您等一下,他马上就来。
这本书很有意思,你看一下。
这儿的炒面很好吃,你尝一下。

동사 뒤에 一下가 나오면 '좀 ~해 보다', '잠깐 동안 ~하다'라는 의미를 가진다.

단어 等 děng 통 기다리다 | 马上 mǎshàng 부 곧, 즉시 | 有意思 yǒu yìsi 재미있다

03 能给我靠窗的座位吗?

MP3 01-07

• 내일 나는 올 수 있어.	明天我能来。	〔가능〕
• 오늘 나는 너와 함께 밥 먹을 수 있어.	今天我能和你一起吃饭。	〔가능〕
• 수업에 늦어서는 안 돼.	上课不能迟到。	〔금지〕
• 여기에서는 커피 마시면 안 됩니다.	这儿不能喝咖啡。	〔금지〕

能은 능력이나 객관적인 원인이 충족되어 '~을 할 수 있다'라는 가능의 뜻을 나타낸다. 조동사이므로 주어 뒤, 동사 앞에 위치한다. 의문문으로 나타낼 때는 '……能+동사+吗?' 또는 '……能不能+동사?'로 표현한다. 부정문인 '不能+동사'는 '~을 할 수 없다'와 같이 능력의 부족을 나타내거나, '~을 하면 안 된다'로 금지를 나타내기도 한다.

단어 上课 shàngkè 图 수업하다 | 迟到 chídào 图 지각하다

04 那您随便给吧

MP3 01-08

• 모두들 편하게 앉으세요.	大家随便坐吧。
• 질문이 있으면 편하게 물어보세요.	有问题随便问吧。
• 나는 너와 편하게 좀 다니고 싶어.	我想和你随便走走。
• 이것은 내가 만든 음식인데 너희들 편하게 먹어.	这是我做的菜，你们随便吃。

随便은 동사, 형용사 등 다양한 품사로 사용된다. 동사 앞에서 '편하게', '자유롭게', '좋을 대로'의 의미로 쓰일 수 있지만, '제멋대로', '함부로'의 의미로 부정적인 어감을 내포할 수도 있다.

단어 大家 dàjiā 떼 모두

05 您有几件行李要托运？

🎧 MP3 01-09

- 나는 할 말이 있어.
- 우리 학교는 중국어를 말할 기회가 많이 있어.
- 나는 차 살 돈이 없어.
- 나는 갈 시간이 없어.

我有话要说。

我们学校有很多机会说汉语。

我没有钱买车。

我没有时间去。

'有(동사1)＋几件行李(목적어)＋要托运(동사2)'의 구조로 이루어진 문장이다. 이때 有 뒤에 나오는 목적어는 특정하지 않은 것이고, 두 번째 동사가 앞의 목적어를 수식하도록 해석하는 것이 자연스럽다.

📖단어 话 huà 뎽 말 | 机会 jīhuì 뎽 기회

06 我托运了一件行李

🎧 MP3 01-10

- 어제 그 사람은 휴대전화 하나를 샀다.

昨天他买了一个手机。
　　　　　수량사　목적어

- 그녀는 오빠의 학교에 갔다.

她去了哥哥的学校。
　　　　수식어　목적어

- 그 사람은 휴대전화를 샀다.
- 그녀는 학교에 갔다.

他买手机了。

她去学校了。

了는 동작의 완료나 발생을 나타낼 때 동사 뒤나 문장 끝에 출현할 수 있다. 목적어에 수량사나 수식어 등이 있을 때 了는 동사 뒤에 위치하고, 이러한 성분이 없을 때는 일반적으로 문장 끝에 위치한다.

- 어제 그 사람은 휴대전화를 사지 않았다.
- 그녀는 오빠의 학교에 가지 않았다.

昨天他没买手机。

她没去哥哥的学校。

동작의 완료나 발생을 부정할 때는 동사 앞에 没(有)를 쓴다. 이때 了나 수량을 나타내는 단어는 사용하지 않는다.

단어를 교체하며 문형을 익히는 연습입니다. 반복하여 읽어 보세요.

1 🏃 1 2 3 4 5 🎧 MP3 01-11

查一下这个字。

我想看一下这本书。

你在这儿等一下。

我想回家休息一下。

자리 좀 바꿔 주세요.

너 여기에 좀 앉아 있어.

네 휴대전화 좀 쓸게.

나 이 음식 좀 맛보고 싶어.

2 🏃 1 2 3 4 5 🎧 MP3 01-12

明天我能去你家。

今天我不能去学校。

能给我一杯水吗?

能不能用一下你的手机?

오늘 나는 도서관에 갈 수 없어.

나는 운전할 수 있어.

이 책을 그 사람한테 줄 수 있어 없어?

당신의 컴퓨터를 좀 쓸 수 있을까요?

3 ⏱ 1 2 3 4 5 🎧 MP3 **01-13**

我有话要说。

他没有钱买车。

他没有时间去你家。

我有一件行李要托运。

나는 카페에 갈 시간이 없어.

엄마는 차 마실 시간이 없어.

우리 학교는 중국어를 말할 기회가 많이 있어.

나는 그 사람에게 줘야 할 책 한 권이 있어.

4 ⏱ 1 2 3 4 5 🎧 MP3 **01-14**

我吃蛋糕了。

爸爸喝茶了。

我吃了一块蛋糕。

爸爸喝了一杯茶。

나는 책을 샀어.

엄마는 커피를 드셨어.

나는 책 한 권을 샀어.

엄마는 커피 한 잔을 드셨어.

🔖 **단어** 电脑 diànnǎo 몡 컴퓨터

본문을 응용한 회화 연습입니다. 뜻을 생각하며 읽어 보세요.

🎧 MP3 01-15

> 여행할 때 필요한 내용입니다. 익숙하게 사용할 수 있도록 연습해 보세요.

1

A 你带护照了吗?
Nǐ dài hùzhào le ma?

B 带了。
Dài le.

2

A 你有行李要托运吗?
Nǐ yǒu xíngli yào tuōyùn ma?

B 有一件小行李。
Yǒu yí jiàn xiǎo xíngli.

3

A 能和您换一下座位吗?
Néng hé nín huàn yíxià zuòwèi ma?

B 没问题。
Méi wèntí.

4

A 你要坐几点的飞机去北京?
Nǐ yào zuò jǐ diǎn de fēijī qù Běijīng?

B 我要坐两点的飞机。
Wǒ yào zuò liǎng diǎn de fēijī.

5

A 这两件行李要托运。
Zhè liǎng jiàn xíngli yào tuōyùn.

B 放这儿吧。
Fàng zhèr ba.

단어 小 xiǎo 혭 작다, 적다

실생활에서 바로 사용할 수 있는 좋은 표현입니다. 잘 활용해 보세요. MP3 01-16

有没有要申报的?
Yǒu méiyǒu yào shēnbào de?
신고할 것 있나요?

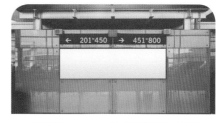

乘坐OZ333的旅客请注意。
Chéngzuò OZ333 de lǚkè qǐng zhùyì.
OZ333편을 탑승하실 승객들께 안내 말씀 드립니다.

请出示一下登机牌。
Qǐng chūshì yíxià dēngjīpái.
탑승권 좀 보여 주세요.

飞机马上就要起飞了。
Fēijī mǎshàng jiùyào qǐfēi le.
비행기가 곧 이륙하겠습니다.

这件行李需要安检[=安全检查]。
Zhè jiàn xíngli xūyào ānjiǎn[=ānquán jiǎnchá].
이 짐은 보안 검사를 해야 합니다.

我们的飞机快要着陆了。
Wǒmen de fēijī kuàiyào zhuólù le.
우리 비행기는 곧 착륙하겠습니다.

不需要转机。
Bù xūyào zhuǎnjī.
비행기를 갈아탈 필요 없어요.

飞机晚点了。
Fēijī wǎndiǎn le.
비행기가 연착했어요.

자주 활용할 수 있는 문장입니다. 100문장 암기를 목표로 외워 보세요.

MP3 01-17

1
看一下您的护照。

2
他已经走了。

3
您随便坐吧。

4
我有话要说。

5
有靠窗的座位吗?

6
车已经来了。

7
能用一下您的手机吗?

8
我只有一件小行李。

9
我没有行李要托运。

10
我买了一本汉语书。

벌써 10문장이 술술!

| 1 | 2 | 3 | 4 | 5 | 6 | 7 | 8 | 9 | 10 |
| ✔ | | | | | | | | | |

즐겨 봐요!

对牛弹琴
Duì niú tán qín

🎧 MP3 01-18

소 앞에서 거문고를 연주하다

옛날에 거문고를 잘 켜는 사람이 있었다. 한번은 소 앞에서 한 곡 연주하면서 소도 그의 연주를 듣고 감동하기를 바랐다. 곡조는 듣기 좋았지만 소는 그 연주가 얼마나 아름다운지 전혀 알지 못한 채 고개 숙여 풀만 뜯고 있었다. 이 사람은 그저 고개를 저으며 한숨을 쉴 수밖에 없었다. '对牛弹琴'은 이치를 모르는 사람들에게 이치를 말하는 것을 비유하는 성어이다. 한국의 속담인 '소 귀에 경 읽기'와 유사한 의미이다.

02

您可以试一试

○ 학습 목표　有(一)点ㄴ의 용법을 알고 활용할 수 있다.
○ 학습 내용　**1.** 有(一)点ㄴ　**2.** ……的话

다음 상황을 중국어로 생각해 보세요.

 판매원 안녕하세요! 무엇을 사시겠어요?

 한우진 그냥 좀 볼게요. …… 이 하얀 스웨터 정말 예뻐요.

 판매원 마음에 드시면 한번 입어 보셔도 됩니다.

 한우진 M 사이즈 있나요?

 판매원 있어요. 잠깐 기다려 주세요. …… 여기 있습니다.

(옷을 갈아입은 후)

 한우진 M 사이즈는 좀 작아요. 저에게 L 사이즈를 가져다 주시겠어요?

 판매원 그럼요. …… 이 옷은 어떠세요?

 한우진 이 옷이 딱 맞네요. 지금 세일하나요?

 판매원 죄송해요. 이것은 올해 신제품이라서 세일 안 해요.

 한우진 네. 이걸로 주세요.

○ 중국에서 쇼핑할 때 자주 접하는 내용입니다. 이 표현들을 물건을 사는 다양한 환경에서 적용할 수 있어요.

본문 ① 대화하기

상점에서 옷을 사는 내용의 대화입니다. 뜻을 생각하며 읽어 보세요.

🎧 MP3 02-02

售货员　您好，您想买什么？

韩雨真　我随便看一下。…… 这件白毛衣真漂亮。

售货员　您喜欢的话❶可以❷试一试。

韩雨真　有中号的吗？

售货员　有，请等一下。…… 给您。

（换衣服后）

韩雨真　中号有点儿❸小。能给❹我拿一件大号的吗？

售货员　没问题。…… 这件怎么样？

韩雨真　这件正❺合适。现在打折吗？

售货员　不好意思。这是今年的新款，不打折。

韩雨真　行。就要这件。

 본문 ② 간추려 말하기

본문의 대화를 평서문으로 옮긴 것입니다. 뜻을 생각하며 읽어 보세요.

🎧 **MP3 02-03**

这个周末，我去商店买了一件白毛衣。这件毛衣是今年的新款，不打折。我先试了一件中号的，不过中号的有点儿小，所以我换了一件大号的，大号的正合适。

🔑 **문법 Tip!**

❶ '……的话'는 '〜라면'의 의미를 나타낸다.

❷ 可以는 '가능'이나 '허가'를 나타내는 조동사이다.

❸ 有(一)点儿은 형용사 앞에서 좋지 않은 느낌으로 '좀'이라는 의미를 나타낸다.

❹ 给는 '〜에게'라는 의미의 전치사로 사용될 수도 있다.

❺ 正은 부사로서 '꼭', '딱'의 의미를 나타낸다.

读一读!

본문에 나온 새 단어입니다. 글자, 한어병음, 뜻을 모두 익히세요. 🎧 MP3 02-04

□ **售货员** shòuhuòyuán 圐 판매원, 점원

□ **买** mǎi 圐 사다

□ **白** bái 圐 하얗다, 희다

□ **毛衣** máoyī 圐 털옷, 스웨터

□ **漂亮** piàoliang 圐 예쁘다

□ **的话** dehuà 圐 ~이라면

□ **试** shì 圐 시험 삼아 해 보다, 시험하다

□ **中号** zhōnghào 圐 중간 사이즈의, M사이즈

□ **等** děng 圐 기다리다

□ **衣服** yīfu 圐 옷, 의복

□ **后** hòu 圐 뒤, 후, 나중

□ **有点儿** yǒudiǎnr 圐 약간

□ **小** xiǎo 圐 작다, 적다

□ **给** gěi 圐 ~에게

□ **拿** ná 圐 (손으로) 잡다, 들다, 가지다

□ **大号** dàhào 圐 큰 사이즈의, L 사이즈

□ **正** zhèng 圐 딱, 마침

□ **合适** héshì 圐 적당하다, 알맞다

□ **打折** dǎzhé 圐 할인하다, 세일하다

□ **新款** xīnkuǎn 圐 새로운 스타일, 신제품

□ **周末** zhōumò 圐 주말

□ **商店** shāngdiàn 圐 상점

□ **先** xiān 圐 먼저, 우선

배워 보아요!

学一学!

초급 단계에서 꼭 필요한 주요 문법입니다. 반복하여 학습하세요.

01 您喜欢的话可以试一试

MP3 02-05

- 날씨가 추우면 안 가도 돼.
- 만약 그 사람이 없으면 돌아와.
- 시간이 있다면, 나는 베이징에 한 번 다녀올 거야.
- 만약 비가 안 온다면 우리는 만리장성에 갈 거야.

天气冷的话，不去也行。
要是他不在的话，你就回来吧。
有空的话，我会去一趟北京。
如果不下雨的话，我们就去长城。

'……的话'는 '~이라면'의 뜻을 나타낸다. 가정을 나타내는 조사이므로, '만약'이라는 의미의 如果 또는 要是와 짝을 이루어 '如果/要是……的话'의 문형으로 사용되기도 한다. 이어지는 두 번째 문장에는 就, 会, 能, 就会, 就能 등이 자주 온다.

단어 要是 yàoshi 접 만일 ~이라면 | 会 huì 조동 ~할 가능성이 있다, ~할 것이다[가능이나 실현을 나타냄] | 趟 tàng 양 차례, 번[왕복한 횟수를 세는 단위] | 如果 rúguǒ 접 만약 | 长城 Chángchéng 고유 만리장성

02 您喜欢的话可以试一试

MP3 02-06

- 기회가 있으면 너 좀 들어 볼 수 있어.
- 시간이 있으면 너 가서 좀 볼 수 있어.
- 네가 가지고 가도 돼.
- 이곳은 커피를 마셔도 됩니다.

有机会你可以听一听。 [가능]
有时间你可以去看一看。 [가능]
你可以带走。 [허가]
这里可以喝咖啡。 [허가]

可以는 '가능'이나 '허가'를 나타내는 조동사이다. '가능'을 나타낼 때는 '~할 수 있다'로, '허가'를 나타낼 때는 '~해도 되다'로 번역된다.

03 中号有点儿小

 MP3 02-07

• 좀 빨라요. [천천히 갑시다.]	有点儿快。
• 좀 비싸요.	有点儿贵。
• 샤오린은 오늘 기분이 좀 안 좋아.	小林今天有点儿不高兴。
• 그 사람은 요즘 좀 바빠.	他最近有点儿忙。

有(一)点儿은 형용사 앞에서 '좀'이라는 의미를 나타내는데, 주로 자신의 주관적인 느낌, 그중에서도 좋지 않은 느낌을 나타낼 때 쓰인다.

04 能给我拿一件大号的吗?

MP3 02-08

• 너에게 줄게.	给你。
• 나한테 100위안 줘.	给我一百块。
• 저에게 물 한 잔 주세요.	给我一杯水。
• 그 사람에게 창 쪽 자리 하나 주세요.	给他一个靠窗的座位。

给는 '주다'라는 뜻의 동사이다. 뒤에 목적어 한 개가 올 수도 있고, 두 개가 올 수도 있는데, 목적어가 두 개 올 경우, 주로 '给+사람 목적어+사물 목적어'의 형태로 써서 '(사람)에게 (사물)을 주다'라는 뜻을 나타낸다.

• 나에게 보여 줘.	给我看一下。
• 내가 그 사람에게 전화 걸게.	我给他打电话。
• 내가 너에게 설명해 줄게.	我给你说明一下。
• 저에게 S 사이즈로 바꾸어 주세요.	给我换一件小号的吧。

给는 '~에게'라는 의미의 전치사로도 사용된다.

단어 打 dǎ 통 (전화를) 걸다 | 电话 diànhuà 명 전화 | 说明 shuōmíng 통 설명하다 | 小号 xiǎohào 명 작은 사이즈의

05 这件正合适

🎧 MP3 02-09

• 이 옷 색깔이 꼭 맞다.   这件衣服颜色正合适。

• 노인이 사용하기에 딱 맞다.   老人用正合适。

• 이 옷 크기가 딱 좋다.   这件衣服大小正好。

• 이 휴대전화 크기가 딱 좋다.   这个手机大小正好。

正은 부사로서 '꼭', '딱', '마침'의 의미를 나타낸다. 대상에 대한 마음이 매우 흡족할 때, 크기나 치수가 빈틈없이 잘 들어맞을 경우에 자주 활용할 수 있다.

단어 颜色 yánsè 명 색깔 | 老人 lǎorén 명 노인 | 大小 dàxiǎo 명 크기, 치수

┌─ Tip ─

사이즈 표현

S	M	L	XL	XXL
小号	中号	大号	加大号	加加大号

단어를 교체하며 문형을 익히는 연습입니다. 반복하여 읽어 보세요.

1 ✎ 1 2 3 4 5 🎧 MP3 02-10

您可以尝一下。

有问题的话可以问老师。

这里可以喝咖啡。

这本书我可以看一下吗?

좀 보실 수 있어요.

휴대전화로 좀 찾아볼 수 있어요.

이곳의 컴퓨터를 사용해도 됩니다.

이번 주말 내가 너희 집에 놀러 가도 돼?

2 ✎ 1 2 3 4 5 🎧 MP3 02-11

天气有点儿冷。

这个菜有点儿贵。

这件毛衣有点儿小。

这儿的咖啡有点儿苦。

날씨가 좀 더워.

나 요즘 좀 바빠.

이 책은 조금 어려워.

오늘 나 좀 피곤해.

3 1 2 3 4 5 🎧MP3 02-12

他去的话，我也去。

你喜欢的话，可以试一试。

星期天下雨的话，我就不去。

明天有空的话，跟我一起去玩儿吧。

당신이 좋다면 당신한테 줄게요.

그 사람이 산다면 나도 살 거야.

질문이 있으면 선생님께 여쭤보세요.

저 보고 싶으면 저에게 전화하세요.

4 1 2 3 4 5 🎧MP3 02-13

他给我买了一本书。

你给我说明一下吧。

我给你看一下他的照片。

今天晚上我给你打电话。

제게 좀 보여 주세요.

제가 여러분께 소개할게요.

나는 엄마께 생신 선물을 하나 사 드렸어.

그 사람은 친구에게 문자를 하나 보냈어.

单어 苦 kǔ 형 쓰다 | 跟 gēn 전 ~와, ~과 | 照片 zhàopiàn 명 사진 | 发 fā 동 보내다 | 短信 duǎnxin 명 문자 메시지

본문을 응용한 회화 연습입니다. 뜻을 생각하며 읽어 보세요. **MP3 02-14**

1

A 你喜欢哪一件衣服?
Nǐ xǐhuan nǎ yí jiàn yīfu?

B 先看看再说。
Xiān kànkan zài shuō.

2

A 这个菜我可以尝一下吗?
Zhège cài wǒ kěyǐ cháng yíxià ma?

B 当然,随便吃。
Dāngrán, suíbiàn chī.

> 지시사인 이나 저가 있는 명사구는 주어 앞으로 도치하는 것이 매우 자연스러워요.

3

A 这是川菜,味道怎么样?
Zhè shì chuāncài, wèidao zěnmeyàng?

B 味道很不错,不过有点儿辣。
Wèidao hěn búcuò, búguò yǒudiǎnr là.

4

A 明天去不去公园?
Míngtiān qù bu qù gōngyuán?

B 如果不下雨的话就去。
Rúguǒ bú xiàyǔ dehuà jiù qù.

> '……的话'는 '만약에'라는 의미의 如果나 要是와 함께 쓰이는 경우가 많아요.

5

A 这件怎么样?
Zhè jiàn zěnmeyàng?

B 这件大小正合适。
Zhè jiàn dàxiǎo zhèng héshì.

단어 | 当然 dāngrán 형 당연하다 부 당연히 | 川菜 chuāncài 명 쓰촨 요리 | 辣 là 형 맵다

실생활에서 바로 사용할 수 있는 좋은 표현입니다. 잘 활용해 보세요. MP3 02-15

我最近发胖了。
Wǒ zuìjìn fāpàng le.
나는 요즘 살이 쪘어.

毕竟是名牌啊。
Bìjìng shì míngpái a.
어쨌든 명품이잖아.

去年的裤子都穿不下了。
Qùnián de kùzi dōu chuān bu xià le.
작년에 입었던 바지가 모두 작아서 안 들어가.

慢慢儿挑，不要着急。
Mànmānr tiāo, búyào zháojí.
천천히 고르세요. 서두르지 말고요.

我帮你挑挑。
Wǒ bāng nǐ tiāotiao.
내가 골라 줄게요.

挺实惠的。
Tǐng shíhuì de.
아주 실속 있어.

看看多少钱。
Kànkan duōshao qián.
얼마인지 좀 봐요.

手痒痒。
Shǒu yǎngyang.
손이 근질근질해.

자주 활용할 수 있는 문장입니다. 100문장 암기를 목표로 외워 보세요.　　MP3 02-16

11 你随便看一下。

12 我最近有点儿忙。

13 你不想去的话，就别去了。

14 这件有点儿贵。

15 这件衣服我可以试一下吗？

16 这件大小正合适。

17 现在打折吗？

18 我给你打电话。

19 这本书我给你吧。

20 你喜欢的话，就给你吧。

단어 别 bié 뭐 ～하지 마라

벌써 20문장이 술술!

11	12	13	14	15	16	17	18	19	20
✔									

즐겨 보아요!

打破沙锅 — 问(璺)到底
Dǎpò shāguō — wèn(wèn) dàodǐ

뚝배기를 깨뜨리다 - 끝까지 물어보다

'打破沙锅 — 璺到底'란 '뚝배기를 깨뜨리면 바닥까지 갈라진다'라는 의미이다. 문장에서 '璺到底'는 '(위에서부터) 바닥까지 갈라진다'라는 표현인데, 이는 '끝까지 캐묻다'라는 의미의 '问到底'와 발음이 같다. 따라서 동음을 이용하여 '打破沙锅 — 问到底'로 바꾸어 말하게 되었으며, '분명해질 때까지 끝까지 묻다'라는 뜻을 나타낸다.

03

我想开个账户

○ 학습 목표   결과보어의 용법을 이해하고 다양한 결과보어를 활용할 수 있다.

○ 학습 내용   **1.** 결과보어   **2.** 대명사 什么

다음 상황을 중국어로 생각해 보세요.

 한우진
안녕하세요! 계좌 하나 만들고 싶어요.

 직원
신분증 좀 보여 주세요.

 한우진
저는 한국인이어서 중국 신분증은 없고 여권만 있어요. 여권도 되죠?

 직원
당연히 되죠. 이 표 좀 작성해 주세요.

 한우진
다 작성했어요. 카드도 한 장 만들고 싶은데요.

 직원
신용카드를 원하세요, 아니면 체크카드를 원하세요?

 한우진
체크카드면 됩니다. 또 무슨 표를 작성해야 하나요?

 직원
작성하실 필요 없습니다. 곧 처리해 드릴게요.
......
비밀번호 두 번 눌러 주세요.

 한우진
네, 다 눌렀습니다.

 직원
다 처리되었습니다. 여기요.

> 은행에서 자주 사용하는 표현입니다. 주요 표현을 잘 익혀 은행에서 당황하지 않도록 열심히 공부하세요.

본문 ① **대화하기**

은행에서 통장을 만드는 내용의 대화입니다. 뜻을 생각하며 읽어 보세요.

🎧 **MP3 03-02**

韩雨真　　您好！我想开个❶账户。

工作人员　请给我看一下您的身份证。

韩雨真　　我是韩国人，没有中国的身份证，只有护照。
　　　　　护照也可以吧？

工作人员　当然可以。请您填一下这张表。

韩雨真　　填好❷了。我还想办一张卡。

工作人员　您要办信用卡还是借记卡？

韩雨真　　借记卡就行。还需要填什么❸表吗？

工作人员　不用❹填表，我马上给您办。…… 请您按两次❺密码。

韩雨真　　好。按完了。

工作人员　办好了，给您。

본문 ② **간추려 말하기**

본문의 대화를 평서문으로 옮긴 것입니다. 뜻을 생각하며 읽어 보세요.　　MP3 03-03

　　今天我去银行开了个账户，还办了一张借记卡。开账户需要出示护照，还要填一张表；办借记卡不用填表，需要按两次密码。工作人员很快就给我办好了。

🔑 **문법 Tip!**

❶ 수사 一는 '수사＋양사＋명사' 구조에서 불특정한 의미를 나타낼 때 생략 가능하다.

❷ 好는 동사의 뒤에 위치하여 동작의 결과를 나타내는 결과보어이다.

❸ 什么는 의문사로 쓰는 것 이외에 '무슨', '어떤' 등의 의미로 쓰였다.

❹ 不用은 동사 앞에서 '~할 필요 없다'의 의미를 나타낸다.

❺ 次는 동작의 횟수를 나타내는 양사이다.

본문에 나온 새 단어입니다. 글자, 한어병음, 뜻을 모두 익히세요.   🎧 MP3 03-04

☐ **开** kāi 통 개설하다, 열다, (합쳐진 것이)
벌어지다

☐ **账户** zhànghù 명 계좌

☐ **身份证** shēnfènzhèng 명 신분증

☐ **当然** dāngrán 뷰 당연히, 물론

☐ **填** tián 통 기입하다, 써넣다

☐ **张** zhāng 양 장[종이나 가죽 등을 세는
단위]

☐ **表** biǎo 명 표

☐ **办** bàn 통 처리하다

☐ **卡** kǎ 명 카드

☐ **信用卡** xìnyòngkǎ 명 신용카드

☐ **借记卡** jièjìkǎ 명 체크카드, 직불카드

☐ **需要** xūyào 통 필요하다, 요구되다

☐ **不用** búyòng 뷰 ~할 필요 없다

☐ **马上** mǎshàng 뷰 곧, 즉시

☐ **按** àn 통 (손가락으로) 누르다

☐ **次** cì 양 번, 횟수

☐ **密码** mìmǎ 명 비밀번호, 암호

☐ **完** wán 통 마치다, 완성하다

☐ **银行** yínháng 명 은행

☐ **出示** chūshì 통 내보이다, 제시하다

초급 단계에서 꼭 필요한 주요 문법입니다. 반복하여 학습하세요.

01 我想开个账户

🎧 MP3 03-05

• 나는 커피를 마셨다.	我喝了杯咖啡。
• 너 케이크 먹어.	你吃块蛋糕吧。
• 표를 작성해 주실 수 있나요?	您能填张表吗?
• 저에게 신용카드를 만들어 주실 수 있나요?	能给我办张信用卡吗?

'수사+양사+명사' 구조에서 수사 一가 목적어를 수식할 때 특정한 숫자인 1을 가리키지 않고 불특정한 수를 나타내면 생략할 수 있다.

02 填好了

🎧 MP3 03-06

• 나는 모두 다 썼다.	我都写完了。
• 나는 이미 배가 부르다.	我已经吃饱了。
• 나는 이 책을 다 봤다.	这本书我看完了。
• 선생님의 말씀을 나는 모두 이해했다.	老师说的话,我都听懂了。

동사	동사+결과보어
쓰다 写	다 쓰다 写完　잘못 쓰다 写错
먹다 吃	다 먹다 吃完　배부르게 먹다 吃饱
보다 看	다 보다 看完　보고 이해하다 看懂
듣다 听	다 듣다 听完　듣고 이해하다 听懂

결과보어란 동사의 뒤에 위치하여 동작의 결과를 나타내는 것으로, 동작의 결과가 어떻게 되었는지 보여준다. 결과보어는 주로 好, 饱, 干净, 累 등의 형용사나 到, 懂, 开, 完, 在, 着 등의 동사로 이루어진다. 동사와 결과보어는 결합력이 매우 강해서 목적어나 了 등 다른 성분이 오면 결과보어 뒤에 위치한다.

단어 饱 bǎo 혱 배부르다, 속이 꽉 차다 | 懂 dǒng 동 알다, 이해하다 | 错 cuò 혱 틀리다, 맞지 않다 | 干净 gānjìng 혱 깨끗하다 | 到 dào 동 ~에 이르다, 도착하다 | 着 zháo [보어로 쓰일 때 목적이 달성되거나 결과가 있음을 나타냄]

- 다 먹지 않았다   没(有)吃完
- 배부르게 먹지 않았다   没(有)吃饱
- 다 보지 않았다   没(有)看完
- 보고 이해하지 못했다   没(有)看懂

결과보어의 부정은 동사 앞에 没有를 붙여서 '没(有)＋동사＋보어'의 형태로 나타낸다.

03 还需要填什么表吗?   🎧 MP3 03-07

- 나는 중국에 친구가 아무도 없다.   我在中国没有什么朋友。
- 너 무슨 질문 있으면, 선생님께 가서 여쭤봐.   你有什么问题，就去问老师吧。
- 너 무슨 일 있니?   你有什么事吗?
- 너 무슨 선물 준비했니?   你准备了什么礼物吗?

什么는 의문사로 쓰는 것 이외에 '무슨', '어떤', '아무런' 등의 의미로, 어떤 사물을 뚜렷하게 밝히지 않고 말할 때도 쓸 수 있다. 이런 의미일 경우는 의문사가 아니므로, 의문을 나타낼 때는 일반적으로 의문을 나타내는 조사 吗와 함께 쓴다.

04 不用填表，我马上给您办   🎧 MP3 03-08

- 너는 선물을 살 필요 없어.   你不用买礼物。
- 너는 그 사람한테 전화할 필요 없어.   你不用给他打电话。
- 그 사람한테 물어볼 필요 없어, 내가 이미 알아.   不用问他，我已经知道了。
- 비싼 것 살 필요 없어, 아무렇게나 하나 사면 돼.   不用买贵的，随便买一个就行。

不用은 '~할 필요 없다'의 의미로 동사 앞에 오며, 단독으로 올 때는 '필요 없다'라는 의미를 나타낸다.

05 请按两次密码

- 그 사람은 두 번 왔다.
- 다시 한 번 말씀해 주세요.
- 나는 오리구이 한 번 먹고 싶어.
- 이 영화는 내가 세 번 봤어.

他来了两次。
请你再说一次。
我想吃一次烤鸭。
这部电影我看了三次。

次는 '번', '회', '차례'의 의미로, 동작의 횟수를 나타내는데 이러한 단위를 '동량보어'라고 하며, 동량보어는 동사 뒤에 위치하여 동작이 행해진 횟수를 나타낸다. 동량보어를 포함한 문장에 목적어가 있을 때는 '동사 + 동량보어 + 목적어'로 나타낸다. 목적어가 사람일 경우 '동사 + 목적어(사람) + 동량보어'로 나타내고, 목적어가 고유명사일 경우, '동사 + 동량보어 + 목적어(고유명사' 혹은 '동사 + 목적어(고유명사) + 동량보어' 모두 사용할 수 있다.

┌─ Tip ─

동작의 횟수를 세는 양사

다음은 次와 같이 '번', '회', '차례'의 의미를 나타내는 양사이다.

양사	예
下 xià	我敲了三下。 나는 세 번 두드렸다.
遍 biàn	请再说一遍。 다시 한번 말씀해 주세요. [주로 처음부터 끝까지의 전체 과정을 강조함]
回 huí	我一共去了两回。 나는 총 두 번 갔다.
趟 tàng	去年我去了一趟美国。 작년에 나는 미국에 한 차례 갔었다.

단어 烤鸭 kǎoyā 몡 오리구이 | 部 bù 얭 [책, 영화 등을 세는 단위] | 敲 qiāo 툉 (손으로) 두드리다

단어를 교체하며 문형을 익히는 연습입니다. 반복하여 읽어 보세요.

1

ᯤ 1 2 3 4 5 🎧 MP3 03-10

饭做好了吗?

你们都吃饱了吗?

他说的话我没听懂。

这本书还没看完。

숙제 다 했어요?

저녁 식사 준비 다 했어요?

이 책 너 보고 이해했어?

아빠의 생신 선물은 우리가 이미 사 놓았어.

2

ᯤ 1 2 3 4 5 🎧 MP3 03-11

我开了个账户。

妈妈想喝杯茶。

他买了个手机。

能给我办张卡吗?

형은 빵을 먹었어.

나는 중국어 책을 사고 싶어.

그 사람은 볶음면을 주문했어.

그 사람은 계좌를 개설하고 싶어 해요.

3
MP3 03-12

不用按密码。

不用给我打电话。

今天你不用去学校。

你不用买，我已经买了。

너는 선물 준비할 필요 없어.

오늘 너 밥 할 필요 없어.

너 물 살 필요 없어, 내가 이미 샀어.

은행에 갈 필요 없어, 여기에서 처리하면 돼.

4
MP3 03-13

买什么都行。

你有什么事吗?

我不想买什么东西。

你给妈妈买了什么礼物吗?

어떤 책이든 괜찮아.

나는 아무런 질문도 없어요.

나는 어떤 영화도 보지 않았어요.

당신 무슨 할 말 있어요?

단어 作业 zuòyè 뗑 숙제, 과제 | 面包 miànbāo 뗑 빵 | 东西 dōngxi 뗑 물건

본문을 응용한 회화 연습입니다. 뜻을 생각하며 읽어 보세요.   🎧 MP3 03-14

1

A 附近有银行吗?
Fùjìn yǒu yínháng ma?

B 前边儿就是。
Qiánbiānr jiù shì.

前边儿은 前边이라고 발음해도 돼요. 前边儿就是는 '앞쪽이 바로입니다'이지만 '바로 앞쪽이에요'라고 번역하는 것이 자연스러워요.

2

A 我要取钱。
Wǒ yào qǔqián.

B 您取多少?
Nín qǔ duōshao?

3

A 我要办信用卡。
Wǒ yào bàn xìnyòngkǎ.

B 好。请填一下这张表。
Hǎo. Qǐng tián yíxià zhè zhāng biǎo.

4

A 请输入密码。
Qǐng shūrù mìmǎ.

……

密码不对,请再输入一次。
Mìmǎ bú duì, qǐng zài shūrù yí cì.

5

A 我要纸币,别给我硬币。
Wǒ yào zhǐbì, bié gěi wǒ yìngbì.

B 好。给你纸币。
Hǎo. Gěi nǐ zhǐbì.

단어 前边(儿) qiánbiān(r) 몡 앞(쪽) | 取 qǔ 됭 찾다, 얻다, 습득하다 | 输入 shūrù 됭 입력하다 | 纸币 zhǐbì 몡 지폐 | 硬币 yìngbì 몡 동전

실생활에서 바로 사용할 수 있는 좋은 표현입니다. 잘 활용해 보세요. MP3 03-15

今天的汇率是多少?
Jīntiān de huìlǜ shì duōshao?
오늘 환율은 어떻게 되죠?

提款机在哪儿?
Tíkuǎnjī zài nǎr?
ATM은 어디에 있나요?

我要换钱。
Wǒ yào huànqián.
저는 환전하려고 합니다.

我忘了密码。
Wǒ wàngle mìmǎ.
나 비밀번호 잊어버렸어.

我要存钱。
Wǒ yào cúnqián.
저는 입금하려고 합니다.

手续费是多少?
Shǒuxùfèi shì duōshao?
수수료는 얼마예요?

请你在这儿签个字儿。
Qǐng nǐ zài zhèr qiān ge zìr.
여기에 서명해 주세요.

我要去取钱。
Wǒ yào qù qǔqián.
저는 돈 찾으러 가야 해요.

자주 활용할 수 있는 문장입니다. 100문장 암기를 목표로 외워 보세요.

🎧 MP3 03-16

21
请出示一下您的护照。

22
请你填一下这张表。

23
我要办一张银行卡。

24
请按一下您的密码。

25
你不用给他打电话。

26
你准备了什么礼物吗?

27
你喜欢这个还是那个?

28
你要喝咖啡还是喝茶?

29
我们都准备好了。

30
我的话已经说完了。

벌써 30문장이 술술!

| 21 | 22 | 23 | 24 | 25 | 26 | 27 | 28 | 29 | 30 |
| ✓ | | | | | | | | | |

즐겨 봐요!

登鹳雀楼
Dēng Guànquèlóu

관작루에 올라

王之涣(唐) 왕지환
Wáng Zhīhuàn(Táng)

白日依山尽，
Báirì yī shān jìn,

해는 산에 기대어 지고,

黄河入海流。
Huánghé rù hǎi liú.

황하는 바다로 들어가 흐르네.

欲穷千里目，
Yù qióng qiānlǐ mù,

천리 밖을 다 보려고,

更上一层楼。
gèng shàng yì céng lóu.

다시 한 층의 누각을 오르네.

04

你坐过高铁吗?

○ 학습 목표 경험을 나타내는 조사 过의 용법을 이해하고 활용할 수 있다.

○ 학습 내용 **1.** 동사+过   **2.** 是……的

다음 상황을 중국어로 생각해 보세요.

왕핑

중간고사 끝나고 너 뭐 할 생각이야?

한우진

이번 주말에 친구 만나러 상하이에 갈 거야.

왕핑

어떻게 갈 거야?

한우진

아직 생각 못했어. 작년 여름 방학에 너는 어떻게 갔었니?

왕핑

비행기 타고 갔어. 그때 나는 특가 표를 샀었지.

한우진

내 친구가 나더러 고속 철도 타고 가래.

왕핑

너 고속 철도 타 봤어? 듣기로는 요즘 고속 철도가 빠르고 편리하대.

한우진

그래? 나는 여태껏 타 본 적 없어.

왕핑

타 본 적이 없다면 체험해 보는 것도 좋아.

한우진

좋아. 그럼 이렇게 결정했어.

여행 이야기를 할 때 자주 사용하는 교통수단에 관한 표현입니다. 다양한 교통수단에 따라 적용하여 연습해 보세요.

본문 ① 대화하기

교통수단을 주제로 한 대화입니다. 뜻을 생각하며 읽어 보세요.

MP3 04-02

王平   期中考试结束以后，你打算做什么？

韩雨真   这个周末我要去上海见朋友。

王平   你怎么去啊？

韩雨真   还没想好呢❶。去年暑假你是怎么去的❷？

王平   坐飞机去的。那时我买到❸了特价机票。

韩雨真   我朋友让❹我坐高铁去。

王平   你坐过❺高铁吗？我听说最近高铁又快又❻方便。

韩雨真   是吗？我还从来没坐过呢。

王平   没坐过的话，体验一下也不错。

韩雨真   好。那就这么定了。

본문 ② 간추려 말하기

본문의 대화를 평서문으로 옮긴 것입니다. 뜻을 생각하며 읽어 보세요.

MP3 04-03

这个周末我打算去上海见朋友。我的同学王平以前去过上海，他是坐飞机去的，那时他买到了特价机票。听说最近高铁又快又方便，我还从来没坐过，所以这次想体验一下。

🔑 문법 Tip!

❶ '还没(有)……呢'는 '아직 ~하지 못했다(않았다)'라는 표현이다.

❷ '是……的' 문형은 이미 발생한 행위의 시간 · 장소 · 방식 · 목적 · 대상 행위자 등을 구체적으로 강조해서 말할 때 사용하는 표현이다.

❸ 到는 동작이 목적에 도달하거나 이루어진 것을 나타내는 결과보어로 '~에 미치다', '~에 이르다'는 의미이다.

❹ 让은 '(~에게) ~을 하도록 하다'라는 의미를 나타낸다.

❺ 过는 '~한 적이 있다'라는 의미로 과거의 경험을 나타내는 표현이다.

❻ '又……又……'는 '~하기도 하고 ~하기도 하다'라는 표현이다.

본문에 나온 새 단어입니다. 글자, 한어병음, 뜻을 모두 익히세요. MP3 04-04

□ **期中** qīzhōng 몡 학기 중간

□ **考试** kǎoshì 몡 시험 통 시험을 치르다

□ **结束** jiéshù 통 끝나다, 마치다

□ **以后** yǐhòu 몡 이후

□ **做** zuò 통 ~을 하다

□ **上海** Shànghǎi 고유 상하이[지명]

□ **去年** qùnián 몡 작년

□ **暑假** shǔjià 몡 여름 방학

□ **那时** nà shí 그때, 그 당시

□ **到** dào 통 도착하다, ~에 이르다, ~에 미치다

□ **特价** tèjià 몡 특가, 특별 할인 가격

□ **机票** jīpiào 몡 비행기표

□ **让** ràng 통 (~에게) ~하도록 하다 (만들다)

□ **高铁** gāotiě 몡 고속 철도[중국 기차의 한 종류, 정식 명칭은 高速铁路임]

□ **过** guo 조 [과거의 경험을 나타냄]

□ **方便** fāngbiàn 혱 편리하다

□ **从来** cónglái 뷔 지금까지, 여태껏

□ **体验** tǐyàn 통 체험하다

□ **这么** zhème 떼 이런, 이렇게

□ **定** dìng 통 정하다, 결정하다

□ **同学** tóngxué 몡 학우

□ **以前** yǐqián 몡 이전, 예전

배워 봐요!

学一学!

초급 단계에서 꼭 필요한 주요 문법입니다. 반복하여 학습하세요.

01 还没想好呢

 MP3 04-05

• 나는 아직 밥을 먹지 않았어.	我还没吃饭呢。
• 저녁 식사는 아직 준비가 다 되지 않았어.	晚饭还没准备好呢。
• 그 사람의 선물은 아직 사지 않았어.	他的礼物还没买呢。
• 내 숙제는 아직 다 하지 않았어.	我的作业还没做完呢。

'还没(有)……呢'는 '아직 ~하지 못했다[않았다]'라는 표현이다. '还没(有)+동사+呢' 문형으로 쓰며 그 동작을 아직 하지 않았음을 나타낸다. 예문의 没吃饭는 단순히 밥을 먹지 않았음을 나타내며, 还没吃饭呢는 밥을 먹을 생각인데 아직 안 먹었음을 나타낸다. 没(有) 뒤에 '동사+결과보어'의 형태로 나오는 경우, 그 동작을 하지 않았음이 아닌 그 동작의 결과가 아직 나타나지 않았음을 뜻한다.

02 去年暑假你是怎么去的?

 MP3 04-06

• 그 사람의 친구는 어제 왔어.	他朋友昨天来了。
• 그 사람의 친구는 '어제' 왔어.	他朋友是昨天来的。

'是……的' 문형은 이미 발생한 행위의 시간·장소·방식·목적·대상·행위자 등을 구체적으로 강조할 때 사용하는 표현이다. 첫 번째 예문은 '그의 친구는 어제 왔다'라는 것을 서술한 것이고, 만약 '언제' 왔는지를 분명하게 말할 필요가 있을 때는 두 번째 문장인 '是……的' 문형으로 나타낸다.

• Ⓐ 너는 어떻게 학교에 왔어?	你是怎么来学校的?
Ⓑ 나는 지하철 타고 왔어.	我是坐地铁来的。
• Ⓐ 이 책은 어디에서 산 거야?	这本书是在哪儿买的?
Ⓑ 이 책은 온라인에서 샀어.	这本书是在网上买的。

'是……的' 사이에 강조하고 싶은 내용을 넣어 말하는데, 이때 是는 생략할 수 있다.

단어 网上 wǎngshang 온라인 상에서, 인터넷 상에서

- Ⓐ 네가 그 사람에게 알려 준 거야?
- Ⓑ 내가 그 사람에게 알려 준 것 아니야.

是你告诉他的吗?
不是我告诉他的。

'是……的' 문형의 부정형은 '不是……的'로 나타내는데, 이때는 是를 생략할 수 없다.

단어 告诉 gàosu 圄 알리다, 말하다

03 那时我买到了特价机票

- 그 책 내가 샀어.
- 나는 영화관에서 그 둘을 봤어.
- 너 그녀가 무슨 말했는지 들었어?
- 베이징에서 오리구이 먹었어?

那本书我买到了。
我在电影院看到他俩了。
你听到她说什么了吗?
在北京你吃到烤鸭了吗?

결과보어 到는 동사 뒤에 위치하며 '~에 미치다', '~에 이르다'는 의미로 동작이 목적에 도달하거나 이루어진 것을 나타낸다.

단어 俩 liǎ 두 개, 두 사람

04 我朋友让我坐高铁去

我朋友	让	我	坐 高铁 去
주어	동사	목적어 :	내 친구가 나에게 시켰다
	주어	동사 목적어 동사2 :	내가 고속 철도를 타고 가다

- 선생님은 우리들한테 본문을 외우라고 하셨어.
- 내 친구가 나한테 그 사람의 집에 놀러 가라고 했어.
- 할머니는 나한테 나가서 밥 먹지 말라고 하셨어.
- 아빠는 동생한테 텔레비전을 보지 말라고 하셨어.

老师让我们背课文。
我朋友让我去他家玩儿。
奶奶不让我出去吃饭。
爸爸不让弟弟看电视。

让는 '(~에게) ~을 하도록 하다(만들다)'라는 의미를 나타낸다. 让 문형은 '주어＋동사＋목적어'로 이루어진 두 개의 문장이 합쳐진 것으로, 첫 번째 문장의 목적어가 두 번째 문장의 주어 역할을 겸하고 있는 구조이다. 부정은 不나 没를 사용하고, 이러한 부정부사는 让 앞에 놓는다.

단어 背 bèi 图 외우다, 암기하다 | 课文 kèwén 圆 본문 | 奶奶 nǎinai 圆 할머니 | 电视 diànshì 圆 텔레비전

05 你坐过高铁吗?

MP3 04-09

- 나는 중국에 간 적이 있어.   我去过中国。
- 나는 중국에서 신용카드를 만들어 본 적이 있어.   我在中国办过信用卡。
- 이 책은 내가 본 적이 없어.   这本书我没看过。
- 이 일은 너 들어 본 적 있어?   这件事你听说过吗?

过는 '~한 적이 있다'라는 과거의 경험을 나타내는 표현으로, '동사＋过'의 형태로 쓴다. 과거의 경험을 부정하여 '~을 한 적이 없다'라고 나타낼 때는 '没(有)＋동사＋过'의 형태로 쓴다. 过의 의문문은 문장 끝에 吗를 넣는 형태와 문장 끝에 没有를 쓰거나 긍정과 부정을 연결하는 형태가 있다.

06 最近高铁又快又方便

MP3 04-10

- 그녀는 귀엽고 예뻐.   她又可爱又漂亮。
- 그의 집은 멀고 불편해.   他的家又远又不方便。
- 서울의 지하철은 빠르고 저렴해.   首尔的地铁又快又便宜。
- 이곳의 커피는 저렴하고 맛있어.   这儿的咖啡又便宜又好喝。

'又……又……'는 '~하기도 하고 ~하기도 하다'라는 표현이다. '又 A 又 B'에서 A와 B의 형용사는 동일하게 긍정의 의미를 나타내든지, 동일하게 부정적인 의미를 나타내어야 한다. A와 B가 하나는 긍정적인 것, 하나는 부정적인 것일 수는 없다.

단어 远 yuǎn 圈 (거리가) 멀다

단어를 교체하며 문형을 익히는 연습입니다. 반복하여 읽어 보세요.

1 ① ② ③ ④ ⑤ 🎧 MP3 04-11

他还没走呢。

我还没喝咖啡呢。

我还不知道这件事呢。

我们还没去过中国呢。

그 사람은 아직 일어나지 않았어.

나는 아직 숙제를 다 하지 않았어.

형은 아직 고속 철도를 타 본 적이 없어.

나는 아직 중국요리를 먹어 본 적이 없어.

2 ① ② ③ ④ ⑤ 🎧 MP3 04-12

那是在超市买的。

你是坐什么来的?

他是从哪儿来的?

他的手机是去年买的。

나는 비행기를 타고 왔어.

이 요리는 뭘로 만든 거예요?

이 컴퓨터는 어디서 산 거예요?

그 사람은 상하이에서 왔어요.

3 🗣 ① ② ③ ④ ⑤ 🎧 MP3 04-13

妈妈让我做作业。

爸爸让我回家吃饭。

老师让我再看一下。

是谁让你来这儿的?

네가 그 사람한테 준비 좀 하라고 해.

아빠가 나한테 커피 두 잔 사라고 했어.

내 친구가 나한테 그 사람에게 전화하라고
했어.

내가 그 사람한테 선생님께 물어보러
가라고 했어.

4 🗣 ① ② ③ ④ ⑤ 🎧 MP3 04-14

我去过中国。

我在中国吃过北京烤鸭。

他从来没给我打过电话。

这件事他从来没跟我说过。

나는 중국차를 마셔 본 적이 있어.

나는 중국에서 체크카드를 만든 적이 있어.

나는 프랑스어를 배워 본 적이 없어.

나는 아직 베이징 오리구이를 맛본 적이
없어.

단어 超市 chāoshì 명 슈퍼마켓 | 从 cóng 전 ~에서, ~부터 | 法语 Fǎyǔ 명 프랑스어

본문을 응용한 회화 연습입니다. 뜻을 생각하며 읽어 보세요.

MP3 04-15

1

A 妈妈让你几点回家?
Māma ràng nǐ jǐ diǎn huí jiā?

B 妈妈让我十点以前回家。
Māma ràng wǒ shí diǎn yǐqián huí jiā.

2

A 你是跟谁一起去的?
Nǐ shì gēn shéi yìqǐ qù de?

B 我是跟朋友一起去的。
Wǒ shì gēn péngyou yìqǐ qù de.

3

A 你去过北京吗?
Nǐ qùguo Běijīng ma?

B 去过,你呢?
Qùguo, nǐ ne?

4

A 你吃过北京烤鸭吗?
Nǐ chīguo Běijīng kǎoyā ma?

B 还没吃过,很想尝尝。
Hái méi chīguo, hěn xiǎng chángchang.

'还……呢' 구조로 자주 쓰이지만, 문장 중간일 경우에 呢는 생략될 수 있어요.

5

A 那件衣服你买到了吗?
Nà jiàn yīfu nǐ mǎidào le ma?

B 没买到,只有小号的了。
Méi mǎodào, zhǐ yǒu xiǎohào de le.

더 높이 날아 봐요! 更上一层楼!

실생활에서 바로 사용할 수 있는 좋은 표현입니다. 잘 활용해 보세요. MP3 04-16

我要订票。
Wǒ yào dìng piào.
표를 예매하려고 합니다.

售票处在哪儿?
Shòupiàochù zài nǎr?
매표소는 어디에 있나요?

我要单程票。
Wǒ yào dānchéng piào.
저는 편도 표가 필요합니다.

可以买回程票吗?
Kěyǐ mǎi huíchéng piào ma?
돌아오는 표를 살 수 있나요?

我要往返票。
Wǒ yào wǎngfǎn piào.
저는 왕복 표가 필요합니다.

在哪个站台上车?
Zài nǎ ge zhàntái shàng chē?
어느 플랫폼에서 차를 타나요?

我要订经济舱。
Wǒ yào dìng jīngjìcāng.
저는 이코노미석(일반석)을 예약하려고 합니다.

我要订头等舱。
Wǒ yào dìng tóuděngcāng.
저는 퍼스트 클래스(1등석)를 예약하려고 합니다.

자주 활용할 수 있는 문장입니다. 100문장 암기를 목표로 외워 보세요.

MP3 **04-17**

31
我们从来没吃过这么好吃的菜。

32
我要坐飞机去北京。

33
我打算下午去买机票。

34
这种咖啡我喝过。

35
这句话我从来没说过。

36
妈妈让我回家吃饭。

37
坐地铁又快又方便。

38
这是在哪儿买的?

39
你是什么时候去的?

40
你觉得这个贵的话，就买那个吧。

단어 种 zhǒng 몡 종류 | 句 jù 몡 마디[말, 글의 수를 세는 단위] |
什么时候 shénme shíhou 언제

벌써 40문장이 술술!

| 31 | 32 | 33 | 34 | 35 | 36 | 37 | 38 | 39 | 40 |
| ✓ | | | | | | | | | |

즐겨 봐요!

静夜思
Jìngyèsī

정야사(고요한 밤에 생각하다)

李白（唐）이백
Lǐ Bái(Táng)

MP3 04-18

床前明月光，   침상 앞에 밝은 달빛,
Chuáng qián míngyuè guāng,

疑是地上霜。   땅 위의 서리 같구나.
yí shì dì shàng shuāng.

举头望明月，   고개 들어 밝은 달을 바라보다,
Jǔ tóu wàng míngyuè,

低头思故乡。   고개 숙여 고향을 그리워하네.
dī tóu sī gùxiāng.

05

医院离这儿不太远

○ 학습 목표　가능보어의 용법을 이해하고 다양한 가능보어를 활용할 수 있다.

○ 학습 내용　**1.** 가능보어　　**2.** 快……了

快四点了，来得及吗？

打的去来得及。

韩雨真

생각해 봐요!

想一想!

다음 상황을 중국어로 생각해 보세요.

왕핑

너 얼굴색이 별로 안 좋아. 어떻게 된 거야? 어디 아프니?

한우진

감기 걸린 것 같아. 열이 나고, 머리도 아파.

왕핑

그렇게 심각해? 너 약은 먹었어 안 먹었어?

한우진

이미 먹었는데도 아무 소용이 없어.

왕핑

그럼 빨리 병원에 가 봐.

한우진

나 못 알아들을까 봐 걱정돼. 너 나랑 함께 가 줄 수 있어?

왕핑

문제없어.

한우진

4시가 다 되어 가는데 시간 될까?

왕핑

병원이 여기에서 그다지 멀지 않으니까 택시 타고 가면 늦지 않을 거야.

한우진

그럼 우리 택시 타고 가자.

몸 상태가 안 좋을 때 사용할 수 있는 표현입니다. 급할 때 유용하게 사용할 수 있으므로 정확하게 익혀 두면 활용도가 높을 거예요.

본문 ① 대화하기

병을 주제로 한 대화입니다. 뜻을 생각하며 읽어 보세요.

🎧 MP3 05-02

王平　　你脸色不太好，怎么了，哪儿❶不舒服吗？

韩雨真　好像感冒了。发烧，头也很疼。

王平　　这么严重吗？你吃药了没有❷？

韩雨真　已经吃了，可是没什么用。

王平　　那快点儿❸去医院吧。

韩雨真　我怕听不懂❹，你能陪我一起去吗？

王平　　没问题。

韩雨真　快四点了❺，来得及吗？

王平　　医院离❻这儿不太远，打的去来得及。

韩雨真　那我们打的去吧。

본문 ② 간추려 말하기

본문의 대화를 평서문으로 옮긴 것입니다. 뜻을 생각하며 읽어 보세요.

🎧 MP3 05-03

昨天，我头疼，还有点儿发烧，好像感冒了。吃了药也没有好转，所以我的朋友小王说陪我一起去医院。医院离宿舍不太远，但是快四点了，我怕来不及，所以我们打的去了医院。

🔑 문법 Tip!

❶ 哪儿은 '어디', '어느 곳' 등의 불특정한 지점이나 장소를 나타내는 지시대명사이다.

❷ 동작의 완료를 나타내는 了가 포함된 문형을 의문문으로 나타낼 때는 '서술어＋了没有?'의 형태로 만든다.

❸ (一)点儿은 형용사나 동사 뒤에 쓰여 '좀'이라는 뜻을 나타낸다.

❹ '동사＋得/不＋동사/형용사' 구조는 '～을 할 수 있다', '～을 할 수 없다'의 의미로 가능을 나타낸다.

❺ '快……了'는 '곧 ～하려고 하다'라는 뜻을 나타낸다.

❻ 离는 '～에서'라는 뜻을 나타내는 전치사이다.

본문에 나온 새 단어입니다. 글자, 한어병음, 뜻을 모두 익히세요.　　MP3 05-04

□ **脸色** liǎnsè 몡 안색, 얼굴색

□ **舒服** shūfu 혱 편안하다

□ **好像** hǎoxiàng 틘 마치 ~인 것 같다

□ **感冒** gǎnmào 동 감기 걸리다　몡 감기

□ **发烧** fāshāo 동 열이 나다

□ **头** tóu 몡 머리

□ **疼** téng 혱 아프다

□ **严重** yánzhòng 혱 (정도가) 심각하다

□ **药** yào 몡 약

□ **可是** kěshì 젭 그러나

□ **(一)点儿** (yì)diǎnr 조금

□ **医院** yīyuàn 몡 병원

□ **怕** pà 동 (~일까 봐) 걱정하다

□ **懂** dǒng 동 알다, 이해하다

□ **陪** péi 동 동반하다, 수행하다

□ **快……了** kuài……le 곧 ~할 것이다, 곧 ~될 것이다

□ **来得及** láidejí 동 늦지 않다, 시간에 대다

□ **离** lí 전 ~에서, ~로부터

□ **远** yuǎn 혱 (거리가) 멀다

□ **打的** dǎdī 동 택시를 타다

□ **昨天** zuótiān 몡 어제

□ **好转** hǎozhuǎn 동 호전되다

□ **宿舍** sùshè 몡 기숙사

□ **但是** dànshì 젭 그러나

□ **来不及** láibují 동 시간에 대지 못하다

초급 단계에서 꼭 필요한 주요 문법입니다. 반복하여 학습하세요.

01 哪儿不舒服吗?

- 어디든 가도 돼.
- 아무 데도 안 가.
- 어디 문제 있어?
- 어디 마음에 안 드는 것 있어?

去哪儿都行。

哪儿都不去。

哪儿有问题吗?

哪儿不满意吗?

哪儿은 '어디', '어느 곳' 등의 의미를 나타내는 지시대명사로서, 불특정한 지점이나 장소를 가리킬 수도 있다. 이런 의미의 경우는 의문사가 아니므로 의문을 나타낼 때는 일반적으로 의문조사 吗를 함께 쓴다.

단어 满意 mǎnyì 圏 만족하다

02 你吃药了没有?

- 먹었니?
- 방학했니?
- 영화 다 봤니?
- 너 그 사람 찾아냈니?

吃了没有?

放假了没有?

看完电影了没有?

你找到他了没有?

동작의 완료를 나타내는 了가 포함된 문장, 결과보어를 동반한 동사가 있는 문장을 의문문으로 나타낼 때는 '서술어+了没有?'의 형태로 의문문을 만들 수 있다.

단어 找 zhǎo 圏 찾다

03 那你快点儿去医院吧

• 좀 천천히 말해 줘.	你慢点儿说。
• 좀 저렴하게 해 주실 수 있어요?	能便宜点儿吗?
• 내일 너 좀 일찍 와.	明天你早点儿来。
• 아빠는 그 사람한테 좀 빨리 돌아오라고 했어.	爸爸让他快点儿回来。

(一)点儿은 형용사 뒤에 쓰여 '좀'이라는 뜻을 나타낸다.

> **Tip**
>
> **有点儿과 一点儿의 비교**
>
> | | 有点儿 | 一点儿 |
> |---|---|---|
> | 구조 | 有点儿+형용사 | 형용사+一点儿 |
> | 예 | 有点儿慢。 좀 느려요.
[빨랐으면 좋겠다는 어감을 가짐] | 慢一点儿。 좀 천천히 해요.
[천천히 했으면 좋겠다는 어감을 가짐] |
> | 특징 | 불만스러운 어감을 나타냄 | 단순 비교를 나타냄 |

단어 早 zǎo 혭 이르다, 빠르다

04 我怕听不懂

• 선생님이 하신 말씀은 우리 모두 듣고 이해할 수 있다.	老师说的话我们都听得懂。
• 숙제가 너무 많아서 나는 다 할 수가 없다.	作业太多了，我写不完。
• 글자가 너무 작아서, 잘 안 보여.	字太小了，我看不清楚。
• 이 책 너는 보고 이해할 수 있니?	这本书你看得懂吗?
	这本书你看得懂看不懂?

'동사+得/不+동사/형용사' 구조는 '~을 할 수 있다', '~을 할 수 없다'의 의미로 가능을 나타낸다. 이러한 것을 가능보어라고 하며 진술문에서는 주로 부정형으로 쓰인다. 가능보어가 있는 문장을 의문문으로 표현할 때는 의문조사 吗를 붙이거나 긍정형과 부정형 전체를 함께 사용한다. 가능보어가 있는 문장에 목적어가 있을 경우, 목적어는 가능보어 뒤에 놓이거나 문장의 맨 앞에 놓인다.

05 快四点了

MP3 05-09

- 봄이 곧 와.
- 곧 방학이야.
- 곧 수업이 끝나.
- 곧 개학이야.

春天快到了。
快放假了。
快要下课了。
快要开学了。

'快……了'는 '곧 ~하려고 하다'라는 뜻을 나타내며, '快要……了'로 표현하기도 한다. 가까운 미래를 나타내는 표현이지만 구체적인 시간사와 함께 쓸 수는 없다.

Tip

비슷한 표현 배우기

'快(要)……了'와 비슷한 표현으로 '要……了'와 '就要……了'가 있다. 모두 '快(要)……了'와 마찬가지로 '곧 ~하려고 하다'라는 의미를 나타내지만, '快(要)……了'와 달리 구체적인 시간사와 함께 쓸 수 있다.

他要回去了。 그 사람은 곧 돌아갈 것이다.
下个星期三就要考试了。 다음 주 수요일에 시험을 볼 것이다. [下个星期三快要考试了。(X)]

단어 下课 xiàkè 통 (수업이) 끝나다 | 回去 huíqù 통 돌아가다

06 医院离这儿不太远

MP3 05-10

- 우리 집은 학교에서 가까워.
- 우리 집은 학교에서 멀지 않아.
- 수업 끝나는 시간까지 5분 남았어.
- 이제 시험까지 3주밖에 안 남았어.

我家离学校很近。
我家离学校不远。
离下课还有五分钟。
现在离考试只有三个星期了。

离는 '~에서'라는 뜻을 나타내는 전치사이다. 주로 'A 离 B'의 형태로 써서 'A에서 B까지'라는 의미를 나타내며, 공간적 거리나 시간의 거리를 모두 나타낼 수 있다. 离가 들어가는 문장을 부정문으로 나타내려면 서술어를 부정해야 한다.

단어 近 jìn 형 가깝다

연습해 보요!

단어를 교체하며 문형을 익히는 연습입니다. 반복하여 읽어 보세요.

1 ⌇ 1 2 3 4 5 🎧 MP3 05-11

看完了没有?

他们来了没有?

他去图书馆了没有?

你跟他说好了没有?

식사하셨어요?

오빠(형)는 집에 왔어요?

준비 다 됐나요?

그 사람 일어났어요?

2 ⌇ 1 2 3 4 5 🎧 MP3 05-12

这本书我看不懂。

他说的话你听得懂吗?

这本书我这个星期看不完。

这么多菜你吃得完吃不完?

상하이 말을 당신은 알아들을 수 있나요?

나는 그 사람이 뭘 썼는지 못 알아보겠어.

우리 지금 출발하면 늦을까, 안 늦을까?

숙제가 이렇게 많아서 오늘 나는 다 할 수 없어.

3 🎧 MP3 05-13

1 2 3 4 5

快两点了。

他快出院了。

我快下班了。

银行四点就要关门了。

곧 수업해.

곧 새해야.

그 사람 곧 서른 살이야.

엄마는 곧 생신이야.

4 🎧 MP3 05-14

1 2 3 4 5

他家离我家很近。

书店离银行不远。

学校离这儿远吗?

仁川机场离首尔不太远。

슈퍼는 기숙사에서 멀다.

병원은 여기에서 먼가요?

우리 집은 바닷가에서 멀지 않다.

병원은 회사에서 그다지 멀지 않다.

단어 出院 chūyuàn 퇴원하다 | 下班 xiàbān 퇴근하다 | 关 guān 닫다 | 门 mén 문 | 过年 guònián 새해를 맞다 | 过 guò 보내다 | 书店 shūdiàn 서점 | 仁川机场 Rénchuān Jīchǎng 고유 인천공항 | 海边(儿) hǎibiān(r) 해변, 바닷가 | 公司 gōngsī 회사

본문을 응용한 회화 연습입니다. 뜻을 생각하며 읽어 보세요.

MP3 05-15

1

A 你的肚子从什么时候开始疼的?
  Nǐ de dùzi cóng shénme shíhou kāishǐ téng de?

B 从昨天晚上开始的。
  Cóng zuótiān wǎnshang kāishǐ de.

'是……的' 문형에서 是는 생략할 수 있어요.

2

A 大夫，我的病严重吗?
  Dàifu, wǒ de bìng yánzhòng ma?

B 问题不大，多休息，多喝水。
  Wèntí bú dà, duō xiūxi, duō hē shuǐ.

多休息와 休息多了, 多喝와 喝多了의 차이에 주의하세요.

3

A 明天你早点儿来学校吧!
  Míngtiān nǐ zǎo diǎnr lái xuéxiào ba!

B 有什么事儿吗?
  Yǒu shénme shìr ma?

4

A 他说的话你听得懂吗?
  Tā shuō de huà nǐ tīng de dǒng ma?

B 差不多吧。
  Chàbuduō ba.

5

A 你家离这儿远吗?
  Nǐ jiā lí zhèr yuǎn ma?

B 不太远。
  Bú tài yuǎn.

단어 肚子 dùzi 몡 배, 복부 | 大夫 dàifu 몡 의사 | 病 bìng 몡 병, 질병 | 差不多 chàbuduō 혱 거의 비슷하다, 큰 차이가 없다

실생활에서 바로 사용할 수 있는 좋은 표현입니다. 잘 활용해 보세요. MP3 05-16

我生病了。
Wǒ shēngbìng le.
나 아파요.

一次吃几片儿?
Yí cì chī jǐ piànr?
한 번에 몇 알씩 먹어요?

他受伤了。
Tā shòushāng le.
그 사람이 다쳤어요.

我有点儿咳嗽。
Wǒ yǒudiǎnr késou.
저는 기침을 조금 해요.

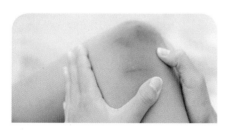

伤口肿了。
Shāngkǒu zhǒng le.
상처 난 곳이 부어올랐어요.

嗓子很疼。
Sǎngzi hěn téng.
목이 아파요.

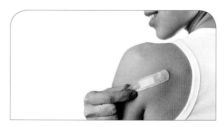

伤口已经好了。
Shāngkǒu yǐjīng hǎo le.
상처는 이미 다 나았어요.

不要装病。
Búyào zhuāng bìng.
꾀병 부리지 마세요. / 아픈 척하지 마세요.

背一背!

자주 활용할 수 있는 문장입니다. 100문장 암기를 목표로 외워 보세요.

MP3 05-17

41
你怎么了，哪儿不舒服吗?

42
他好像感冒了。

43
头有点儿疼。

44
他回家了没有?

45
你做完作业了没有?

46
我怕来不及。

47
快两点了。

48
学校离这儿不远。

49
能便宜点儿吗?

50
他说的话我听不懂。

벌써 50문장이 술술!

41	42	43	44	45	46	47	48	49	50
✓									

즐겨 봐요!

江山易改，本性难移
Jiāngshān yì gǎi,　　běnxìng nán yí

MP3 05-18

강산은 변하기 쉽지만 사람의 본성은 변하기 어렵다

실제로 강과 산은 쉽게 변하는 것이 아니다. 하지만 사람의 본성과 비교하여 변하기 쉽다고 설명하고 있다. 즉, 이 말은 사람에게 오랫동안 배인 습관, 행동, 태도 등은 짧은 시간 내에 변하기 어렵다는 것을 뜻한다.

A: 快点儿！　快点儿！
　　Kuài diǎnr!　　Kuài diǎnr!
　　빨리 와! 빨리!

B: 真对不起，　再等我一会儿。
　　Zhēn duìbuqǐ,　　zài děng wǒ yíhuìr.
　　정말 미안해. 조금만 더 기다려 줘.

A: 你什么时候才能改改你的慢性子?
　　Nǐ shénme shíhou cái néng gǎigai nǐ de mànxìngzi?
　　너는 언제야 그 느린 성격을 고칠래?

B: 哪那么容易改啊? 江山易改，本性难移嘛。
　　Nǎ nàme róngyì gǎi a?　　Jiāngshān yì gǎi,　　běnxìng nán yí ma.
　　어디 그렇게 쉽게 바뀌니? 강산은 변하기 쉬워도 사람 본성은 변하기 어렵다잖아.

01~05

复习1

- 핵심 문형　　○ 说一说　　○ 听一听
- 读一读　　○ 写一写

01
A : 能给我靠窗的座位吗？
B : 不好意思，靠窗的座位已经没有了。
A : 我只有一件行李要托运。
B : 放这儿吧！

02
A : 这件有点儿小。能给我拿一件大号的吗？
B : 没问题。给您，这件怎么样？
A : 这件正合适。现在打折吗？
B : 不好意思，不打折。

03
A : 给我看一下您的身份证。
B : 护照也可以吧？
A : 当然可以。请您填一下这张表。
B : 填好了，给您。

04
A : 你坐过高铁吗？又快又方便。
B : 我听说过，但是从来没坐过。
A : 没坐过的话，体验一下也不错。
B : 好。那就这么定了。

05
A : 怎么了，哪儿不舒服吗？
B : 好像感冒了。发烧，头也很疼。
A : 你吃药了吗？
B : 已经吃了，可是没什么用。

다음 그림을 보고 상황에 어울리게 대화를 만들어 보세요.

1.

A : _____

B : _____

A : _____

B : _____

2.

A : _____

B : _____

A : _____

B : _____

3.

A : _____

B : _____

A : _____

B : _____

4.

A : _____

B : _____

A : _____

B : _____

5.

A : _____

B : _____

A : _____

B : _____

녹음을 듣고 (1)의 질문에 알맞은 답을 보기에서 고르고, (2)의 빈칸에 질문에 대한 알맞은 대답을 중국어로 써 보세요.

 MP3 **f01-02**

1. (1) **男的有几件行李要托运?**

　　보기 ▶ ① 一件　② 两件　③ 三件　④ 没有

(2) 问: **男的想要什么样的座位?**

　　答: _____

단어 什么样 shénme yàng 어떠한

2. (1) **女的觉得哪个号正合适?**

　　보기 ▶ ① 小号　② 中号　③ 大号　④ 都不合适

(2) 问: **这件衣服为什么现在打折?**

　　答: _____

3. (1) **他们在哪儿说话?**

　　보기 ▶ ① 银行　② 商店　③ 学校　④ 机场

(2) 问: **填表后需要按几次密码?**

　　答: _____

4. (1) 女的这个周末为什么要去上海?

　　보기 ▶　①学习　②旅行　③买衣服　④见朋友

(2) 问: 男的为什么让她坐高铁去?

　　答: _____

　단어 旅行 lǚxíng 동 여행하다

5. (1) 女的现在哪儿疼?

　　보기 ▶　①眼睛　②头　③手　④肚子

(2) 问: 女的为什么还没去医院?

　　答: _____

　단어 眼睛 yǎnjing 명 눈 | 手 shǒu 명 손 | 医生 yīshēng 명 의사

다음 글을 읽고 해석해 보세요.

1. 　　今年九月，我坐飞机去了北京，因为我打算去北京大学留学。听说北京比较热，所以我没带什么厚衣服。可是到北京后，我觉得天气有点儿冷，所以想上街买一件衣服。在商店，我看中了一件大号的白毛衣，大小正合适。因为要在北京生活六个月，所以我去银行开了一个账户，办了一张借记卡。有了卡，出门不用带现金，买东西就方便多了。

2. 　　期中考试结束后，我想去上海见我的朋友。我的朋友让我坐高铁去。听说高铁又快又方便，所以我也趁这个机会体验了一回。我从上海回来以后，突然觉得身体很不舒服，肚子疼，还有点儿发烧。所以我的朋友陪我一起去了医院。

단어 **留学** liúxué 图 유학하다 | **比较** bǐjiào 囝 비교적, 상대적으로 | **厚** hòu 휑 두껍다 | **看中** kànzhòng 图 보고 마음에 들다 | **生活** shēnghuó 图 생활하다 | **出门** chūmén 图 외출하다 | **现金** xiànjīn 圆 현금 | **趁** chèn 젠 ~을 틈타, (시간·기회 등을) 이용하여 | **突然** tūrán 囝 갑자기

다음 문장을 중국어와 한어병음으로 쓰세요.

1. 나는 내일 학교에 갈 수 없어.

   C .... **P** ....

2. 이 책 너 나한테 줘도 돼?

   C .... **P** ....

3. 창 쪽 자리는 이미 없습니다.

   C .... **P** ....

4. 중국어를 말할 기회가 많지 않아요.

   C .... **P** ....

5. 좀 서둘러 주세요.

   C .... **P** ....

6. 이 요리는 좀 매워.

   C .... **P** ....

7. 일요일에 비가 오면 나는 안 갈 거야.

   C .... **P** ....

8. 여권을 제시해 주세요.

   C .... **P** ....

9. 우리는 내일 보기로 이미 약속했어.

   C .... **P** ....

10. 커피 마실래요, 차 마실래요?

    C .... **P** ....

11. 나는 중국은행에 가서 신용카드를 만들었어.

C .... P ....

12. 계좌를 개설하려면 여권을 제시해야 합니다.

C .... P ....

13. 당신은 언제 온 거예요?

C .... P ....

14. 나는 선생님과 함께 갔어.

C .... P ....

15. 엄마가 나에게 사과 사러 가라고 시키셨어.

C .... P ....

16. 나는 여태껏 중국에 가 본 적이 없어.

C .... P ....

17. 어디 아파요?

C .... P ....

18. 열이 좀 나는 것 같아요.

C .... P ....

19. 곧 서른 살이야.

C .... P ....

20. 나는 그가 무슨 말을 하는지 모르겠어.

C .... P ....

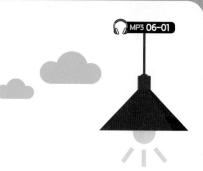
MP3 06-01

06

到博物馆需要多长时间?

○ 학습 목표 시량보어를 정확하게 이해하고 이를 활용할 수 있다.

○ 학습 내용 **1.** 시량보어   **2.** 조사 着

到博物馆需要多长时间?

开三、四十分钟就能到。

李世明

司机

생각해 봐요!

想一想!

다음 상황을 중국어로 생각해 보세요.

운전기사
안녕하세요! 어디로 가세요?

이세명
국립박물관으로 가 주세요.

운전기사
그럼 길 맞은편에서 차를 잡는 게 더 좋습니다.
이쪽에서 출발하면 돌아가야 해요.

이세명
제가 급한 일이 있어서요. 앞쪽에서 유턴하면 안 되나요?

운전기사
저곳은 유턴이 안 됩니다. 보세요, 경찰이 저기에 서 있잖아요.

이세명
박물관까지 얼마나 걸리죠?

운전기사
차가 안 막히면 삼사십 분이면 도착할 수 있어요.
하지만 지금은 길이 막혀서 말하기 어려워요.

이세명
기사님, 좀 빨리 가 주실 수 있으세요? 제가 급해서요.

운전기사
듣기로 제3순환도로가 그리 안 막힌다고 하니까 제3순환도로로 갑시다.

이세명
좋아요. 기사님 말씀대로 할게요.

중국에서 택시를 타고 이동할 때 자주 사용하는 표현들입니다. 먼저 이 내용을 중국어로 어떻게 표현할지 생각해 보세요.

말해 봐요!

본문 ① **대화하기**

길 찾기를 주제로 한 대화입니다. 뜻을 생각하며 읽어 보세요.

🎧 **MP3 06-02**

司机	您好！您去哪儿？

李世明　去国家博物馆。

司机　那您去对面打车更好。从❶这儿出发得❷绕路。

李世明　我有急事，到前面掉头，不行吗？

司机　那儿不能掉头，您看，警察在那儿站着❸呢。

李世明　到博物馆需要多长时间？

司机　不堵车的话开三、四十❹分钟❺就能到。
　　　不过现在堵车，不好说❻。

李世明　师傅，可以快点儿吗？我着急。

司机　听说三环不太堵，走三环吧。

李世明　行，就听您的。

 본문 ② 간추려 말하기

본문의 대화를 평서문으로 옮긴 것입니다. 뜻을 생각하며 읽어 보세요. 🎧 **MP3 06-03**

昨天，我打的去国家博物馆。上车后司机告诉我，前面不能掉头，去对面打车更方便。但是我觉得过马路比较麻烦，所以没下车。那时路上很堵，我们只好走了三环。

🔑 **문법 Tip!**

❶ 从은 '～로부터', '～를 거쳐서'라는 뜻의 전치사이다.
❷ 得는 '～을 해야만 한다'라는 뜻의 조동사이다.
❸ 着는 '동사+着'의 구조로 사용되어 동작이 지속되고 있음을 나타낸다.
❹ 중국어의 어림수는 숫자를 이어서 말하고 모점(、)을 이용한다.
❺ 三、四十分钟은 동사 뒤에서 시간의 길이를 나타내는 시량보어이다.
❻ '好+동사(～하기 쉽다)'의 부정 표현이다.

👄 **발음 Tip!**

·得 děi 조 ～해야만 한다	我们得坐三个小时的火车。 Wǒmen děi zuò sān ge xiǎoshí de huǒchē.	我得早点儿回家。 Wǒ děi zǎo diǎnr huí jiā.
dé 동 얻다	他得到了老师的表扬。 Tā dédàole lǎoshī de biǎoyáng.	他从中获得了一些快乐。 Tā cóngzhōng huòdéle yìxiē kuàilè.
de 조 동사 뒤에서 가능을 나타낼 때, 동사나 형용사 뒤에서 결과나 정도를 나타낼 때		
	他说的话我们都听得懂。 Tā shuō de huà wǒmen dōu tīng de dǒng.	他说得很快。 Tā shuō de hěn kuài.

读一读!

본문에 나온 새 단어입니다. 글자, 한어병음, 뜻을 모두 익히세요.   MP3 06-04

□ 司机 sījī 몡 기사, 운전기사

□ 博物馆 bówùguǎn 몡 박물관

□ 对面 duìmiàn 몡 맞은편, 건너편

□ 打车 dǎchē 동 택시를 타다

□ 更 gèng 분 더욱, 훨씬

□ 从 cóng 전 ~로부터, ~을[경과]

□ 得 děi 조동 ~해야 한다

□ 绕 rào 동 우회하다, 돌아가다

□ 路 lù 몡 길

□ 急事 jíshì 몡 급한 일

□ 前面 qiánmiàn 몡 앞

□ 掉头 diàotóu 동 방향을 되돌리다, 유턴하다

□ 警察 jǐngchá 몡 경찰

□ 站 zhàn 동 서다

□ 着 zhe 조 ~하고 있다, ~하고 있는 중이다

□ 长 cháng 형 길다, 오래다

□ 堵 dǔ 동 막히다

□ 分钟 fēnzhōng 몡 분[시간의 길이를 나타냄]

□ 师傅 shīfu 몡 기사님, 선생님[기예나 기능을 가진 사람에 대한 존칭]

□ 着急 zháojí 형 조급하다, 초조하다

□ 环 huán 몡 고리[도시 내의 순환도로에 사용됨] 동 둘러싸다

□ 上 shàng 동 (차에) 타다, 오르다 몡 [물체의 위, 범위, 영역 등을 나타냄], 앞, 지난번

□ 告诉 gàosu 동 알리다, 말하다

□ 过 guò 동 가다, 건너다

□ 马路 mǎlù 몡 도로, 큰길

□ 比较 bǐjiào 분 비교적

□ 麻烦 máfan 형 귀찮다, 번거롭다 동 번거롭게 하다

□ 只好 zhǐhǎo 분 어쩔 수 없이

배워 봐요!

초급 단계에서 꼭 필요한 주요 문법입니다. 반복하여 학습하세요.

01 从这儿出发得绕路

- 그 사람들은 학교에서 출발해.   他们从学校出发。
- 여기에서 병원까지는 멀어.   从这儿到医院很远。
- 나는 지난주부터 중국어를 배우기 시작했어.   我从上周开始学汉语。
- 나는 어제부터 지금까지 계속 머리가 아파.   我从昨天到现在一直头疼。

从는 '~로부터', '~를 거쳐서'라는 뜻의 전치사이며, 从의 뒤에 이어지는 명사형 구조와 함께 부사구를 이루기 때문에 서술어 앞에 위치한다. '从 A 到 B(A부터 B까지)'의 구조로 자주 쓰인다.

02 从这儿出发得绕路

- 서점에 가려면 차를 타야만 해.   去书店得坐车。
- 내일 좀 일찍 와야 해.   明天得早点儿来。
- 네가 도서관에 가서 좀 찾아봐야 해.   你得去图书馆找一找。
- 너 빨리 가야 해. 아니면 차 떠나.   你得快点儿走，要不然车就走了。

得는 '~을 해야만 한다'라는 뜻의 조동사인데, 이때의 발음은 'děi'이다. 조동사이므로 문장 내에서는 서술어 앞에 위치한다.

단어 要不然(=要不) yàoburán(=yàobù) 접 그렇지 않으면

배워 보요!

03 警察在那儿站着呢

- 그 사람은 침대에 누워 있어.   他在床上躺着呢。
- 그 사람은 의자에 앉아 있어.   他在椅子上坐着呢。
- 선생님이 저곳에 서 계셔.   老师在那儿站着呢。
- 네 책은 탁자 위에 놓여 있어.   你的书在桌子上放着呢。

着는 '동사+着'의 구조로 사용되어, 동작이 지속되고 있음을 나타내고 주로 문장 뒤에 呢가 함께 쓰인다.

- 그 사람은 누워 있지 않아.   他没(有)躺着呢。
- 그 사람은 의자에 앉아 있지 않아.   他没(有)在椅子上坐着。
- 그 사람 누워 있어요?   他躺着吗? / 他躺着没有?
- 그 사람 앉아 있어요?   他坐着吗? / 他坐着没有?

着가 있는 문장의 부정은 没(有)를 쓴다. 문장에서 没(有)는 동사 앞에 위치하여 동사를 부정하는데 그때는 呢를 생략할 수 있다. 着가 있는 문장의 의문문은 의문조사 吗를 붙이거나 '동사+着没有'의 형태로 나타낸다.

단어 床 chuáng 📖 침대 | 躺 tǎng 📖 옆으로 드러눕다, 가로눕다 | 椅子 yǐzi 📖 의자 | 桌子 zhuōzi 📖 탁자, 테이블

04 开三、四十分钟就能到

- 사오 일은 걸려.   需要四、五天。
- 두세 개면 되죠?   两、三个就行吧?
- 일고여덟 명 있으면 돼.   有七、八个人就行。
- 오륙백 위안 정도야.   大概五、六百块钱吧。

중국어의 어림수 읽는 방법은 한국어와 같다. 숫자를 이어서 말하고, 글로 표현할 때는 숫자 사이에 쉼표(,)가 아닌 모점(、)을 이용한다.

단어 大概 dàgài 📖 대략

05 开三、四十分钟就能到   🎧 MP3 06-09

• 1년 동안 배웠어.	学了一年。
• 10분 동안 휴식입니다.	休息十分钟。
• 30분 동안 기다렸어.	等了三十分钟。
• 몇 시간 동안 봤어?	看了几个小时?

시간의 양을 나타내는 시간 단위를 '시량보어'라고 하는데, 시량보어는 동사 뒤에 위치하여 동작이 행해진 시간이나 기간을 나타낸다.

단어 小时 xiǎoshí 몡 시간

06 现在堵车，不好说   🎧 MP3 06-10

• 이 길은 가기가 쉽다.	这条路好走。
• 요즘은 직업 찾기가 어렵다고 한다.	听说最近工作不好找。
• 성공 여부는 나도 말하기 어렵다.	能不能成功我也不好说。
• 그 사람이 언제 돌아올지는 말하기 어렵다.	他什么时候能回来，这不好说。

好는 '좋다'라는 의미 외에도 '好+동사'의 형태로 쓰여 '~하기 쉽다'라는 의미를 가지고, 부정의 표현은 '不好+동사'로 말한다. 따라서 不好说는 '말하기 어렵다', '말하기 곤란하다'라는 의미를 나타내는 표현이다.

단어 条 tiáo 몡 [가늘고 긴 것을 세는 단위] | 成功 chénggōng 통 성공하다 몡 성공

연습해 봐요!

단어를 교체하며 문형을 익히는 연습입니다. 반복하여 읽어 보세요.

1

1 2 3 4 5 MP3 06-11

你得小心。

你得快点儿。

孩子得听父母的话。

我得跟他商量商量。

너는 택시 타고 가야 해.

너는 좀 많이 먹어야 해.

너는 선생님 말씀을 들어야 해.

나는 그 사람과 얘기를 좀 해야 해.

2

1 2 3 4 5 MP3 06-12

他在床上躺着呢。

他在椅子上坐着呢。

他没在床上躺着。

他没在椅子上坐着。

책은 탁자 위에 놓여 있어.

선생님이 저쪽에 서 계셔.

책은 탁자 위에 놓여 있지 않아.

선생님은 저쪽에 서 계시지 않아.

3

□ 1 □ 2 □ 3 □ 4 □ 5 🎧 MP3 06-13

我等了十分钟。

我休息了半个小时。

需要坐几个小时？

你看了多长时间？

나는 6개월 배웠어.

얼마 동안 타야 해?

너는 얼마나 잤어?

나는 여기서 3년 동안 살았어.

4

□ 1 □ 2 □ 3 □ 4 □ 5 🎧 MP3 06-14

这件事现在不好说。

你这台电脑很好用。

这么多行李不好带。

听说最近工作不好找。

이 길은 걷기 어려워.

이 요리는 만들기 어려워.

듣기로 이런 휴대전화는 사용하기 별로 좋지 않대.

성공할 수 있을지 없을지 나도 말하기 어려워.

단어 小心 xiǎoxīn 통 조심하다, 주의하다 | 孩子 háizi 몡 아이, 자녀 | 父母 fùmǔ 몡 부모 | 商量 shāngliang 통 상의하다, 의논하다 | 住 zhù 통 살다, 거주하다 | 台 tái 양 대, 회, 차례[기계·차량이나 연극의 공연 횟수를 셀 때 쓰는 양사]

묻고 답해 봐요

你问我答!

본문을 응용한 회화 연습입니다. 뜻을 생각하며 읽어 보세요.　🎧 MP3 06-15

1

A 从首尔到北京需要多长时间?
Cóng Shǒu'ěr dào Běijīng xūyào duō cháng shíjiān?

B 大概两个小时吧。
Dàgài liǎng ge xiǎoshí ba.

> 시간의 길이를 물을 때는 多长时间을 사용해야 한다는 점에 유의하세요.

2

A 我的手机呢?
Wǒ de shǒujī ne?

B 在桌子上放着呢。
Zài zhuōzi shàng fàngzhe ne.

> 呢는 명사형의 뒤에서 생략의문문으로 사용할 수 있어요.

3

A 去青岛，坐飞机去更方便吧?
Qù Qīngdǎo, zuò fēijī qù gèng fāngbiàn ba?

B 不对，坐高铁更方便。
Bú duì,　zuò gāotiě gèng fāngbiàn.

4

A 外边儿很冷，你得多穿点儿。
Wàibianr hěn lěng, nǐ děi duō chuān diǎnr.

B 好的，我再加件毛衣吧。
Hǎo de,　wǒ zài jiā jiàn máoyī ba.

> "많이 입어야 해"라고 할 때는 多穿点儿이고, "많이 입었어"라고 할 때는 穿多了라고 해요.

5

A 走一圈儿要多长时间?
Zǒu yì quānr yào duō cháng shíjiān?

B 十分钟左右。
Shí fēnzhōng zuǒyòu.

단어　青岛 Qīngdǎo 고유 칭다오[중국의 지명] | 外边(儿) wàibian(r) 명 밖, 바깥쪽 | 穿 chuān 통 (옷을) 입다 | 圈(儿) quān(r) 명 바퀴, 고리 | 左右 zuǒyòu 명 가량, 안팎

실생활에서 바로 사용할 수 있는 좋은 표현입니다. 잘 활용해 보세요. MP3 06-16

在哪儿倒车?
Zài nǎr dǎochē?
어디에서 차를 갈아타나요?

我觉得有点儿不对劲儿。
Wǒ juéde yǒudiǎnr bú duìjìnr.
나는 좀 아닌 것 같다는 생각이 들어.

我不认识路。
Wǒ bú rènshi lù.
저는 길을 몰라요.

还是找个人问问路吧。
Háishi zhǎo ge rén wènwen lù ba.
사람을 찾아 길 좀 물어보는 게 좋겠어.

还有多远?
Hái yǒu duō yuǎn?
아직 얼마나 더 가야 해요?

您有零钱吗?
Nín yǒu língqián ma?
잔돈 있으세요?

差不多快到了。
Chàbuduō kuài dào le.
거의 다 왔어요.

这么走就绕路了。
Zhème zǒu jiù rào lù le.
이렇게 가면 길을 많이 돌아요.

자주 활용할 수 있는 문장입니다. 100문장 암기를 목표로 외워 보세요.　🎧 MP3 06-17

51
还是学汉语更好。

52
老师在那儿坐着呢。

53
这次你得小心点儿。

54
坐地铁的话，一个小时就能到。

55
我们一起从学校出发吧。

56
您别着急，我们再找一找。

57
师傅，可以快点儿吗？

58
还是打的比较快。

59
坐飞机需要多长时间？

60
你得问问老师。

벌써 60문장이 술술!

51	52	53	54	55	56	57	58	59	60
✔									

开心一下!

즐겨 봐요!

买菜
Mǎi cài

장을 보다

小乖乖，上大街。
Xiǎo guāiguāi, shàng dàjiē.

꼬마 귀염둥이 쇼핑하러 간다.

陪奶奶，去买菜。
Péi nǎinai, qù mǎi cài.

할머니 모시고 장 보러 간다.

青菜豆腐鱼肉蛋，
Qīngcài dòufu yú ròu dàn,

야채, 두부, 생선, 고기, 계란,

嗨哟嗨哟抬回来。
hāiyō hāiyō tái huílái.

야호 야호 들고 돌아온다.

07

别忘了还要
多听、多说

생각해 봐요!

다음 상황을 중국어로 생각해 보세요.

○ 시험과 공부에 관련된 내용입니다. 먼저 한국어로 된 내용을 살펴보고 중국어 표현을 생각해 보세요.

이세명

선생님, 저 이번에 시험을 별로 못 쳤어요.

장 선생님

너 복습 잘 했어?

이세명

그럼요, 저 거의 매일 3시간씩 공부했어요.

장 선생님

그럼 왜 시험을 못 본 거지?

이세명

저도 왜 그런지 잘 모르겠어요.

장 선생님

서두르지 마. 중국 사람들은 '有志者，事竟成'이라는 말을 자주 해. 다음엔 반드시 잘 볼 수 있어.

이세명

선생님, '有志者，事竟成'이 무슨 뜻이에요?

장 선생님

네가 의지만 있으면 반드시 성공할 수 있다는 말이야.

이세명

아! 알겠습니다. 선생님, 감사합니다.

장 선생님

더 많이 듣고, 많이 말해야 하는 거 잊지 마. 파이팅!

본문 ① 대화하기

시험 성적을 주제로 한 대화입니다. 뜻을 생각하며 읽어 보세요.

MP3 07-02

李世明 老师，我这次考试考得不太好❶。

张老师 你好好儿❷复习了吗？

李世明 是啊，我几乎每天都学习三个小时呢。

张老师 那为什么没考好呢？

李世明 我也不知道为什么。

张老师 你别着急，中国人常说"有志者，事竟成"，
下次一定能考好。

李世明 老师，"有志者，事竟成"是什么意思？

张老师 意思是，你只要有志向，就❸一定能成功。

李世明 哦，我明白了。谢谢老师！

张老师 别忘了❹还要多听、多说。加油！

본문 ② 간추려 말하기

본문의 대화를 평서문으로 옮긴 것입니다. 뜻을 생각하며 읽어 보세요.

MP3 07-03

我每天都学习三个小时的汉语❺，可是这次考试考得不太好。张老师说"有志者，事竟成。"只要我有志向，努力学习，下次一定能考好。她还告诉我多听和多说也很重要。

🔑 문법 Tip!

❶ 동사의 정도나 상태를 보충하는 '동사＋得＋형용사' 구조의 정도보어문이다.

❷ 단음절 형용사는 중첩하여 부사로 만들 수 있다.

❸ '只要……，就……'의 형태로 써서 '～이면 ～이다'라는 조건과 결과의 관계를 나타낸다.

❹ 别忘了는 '～하는 것을 잊지 마세요'라는 의미의 관용 표현이다.

❺ 시량보어문에 목적어가 있을 경우 '동사＋시량보어＋(的)＋목적어'로 나타낸다.

👄 발음 Tip!

일부 단음절 형용사는 중첩 후 중첩된 두 번째 음절이 1성으로 변한다.

· 好 hǎo → 好好ㄦ hǎohāor

· 慢 màn → 慢慢ㄦ mànmānr

본문에 나온 새 단어입니다. 글자, 한어병음, 뜻을 모두 익히세요. MP3 07-04

- □ **得** de 조 [동사나 형용사 뒤에 쓰여 결과나 정도를 표시하는 보어를 연결하는 역할을 함]

- □ **好好儿** hǎohāor 부 잘, 제대로

- □ **复习** fùxí 통 복습하다

- □ **几乎** jīhū 부 거의

- □ **每天** měitiān 명 매일, 날마다

- □ **学习** xuéxí 통 공부하다

- □ **小时** xiǎoshí 명 시간

- □ **为什么** wèi shénme 왜, 어째서

- □ **知道** zhīdào 통 알다, 이해하다

- □ **别** bié 부 ~하지 마라

- □ **常** cháng 부 자주, 언제나

- □ **有志者，事竟成** yǒu zhì zhě, shì jìng chéng 속담 의지가 있으면 일은 반드시 이루어진다

- □ **一定** yídìng 부 반드시, 꼭

- □ **意思** yìsi 명 의미, 뜻

- □ **只要** zhǐyào 접 ~하기만 하면

- □ **只要……就……** zhǐyào…… jiù…… ~하기만 하면 ~하다

- □ **志向** zhìxiàng 명 의지, 포부

- □ **成功** chénggōng 통 성공하다 명 성공

- □ **哦** ò 감 아!, 오![납득, 이해 등을 나타냄]

- □ **明白** míngbai 통 알다, 이해하다

- □ **忘** wàng 통 잊다

- □ **加油** jiāyóu 통 힘을 내다, 파이팅

- □ **汉语** Hànyǔ 명 중국어

- □ **努力** nǔlì 형 열심이다 통 노력하다, 힘쓰다

- □ **重要** zhòngyào 형 중요하다

초급 단계에서 꼭 필요한 주요 문법입니다. 반복하여 학습하세요.

01 我这次考试考得不太好 🎧 MP3 07-05

• 나는 달리기가 느려.	**我跑得很慢。**
• 그 사람은 말하는 것이 빨라.	**他说得很快。**
• 그녀는 예쁘게 생겼어.	**她长得很漂亮。**
• 우리 형(오빠)은 많이 먹어.	**我哥哥吃得很多。**

동사의 정도나 상태를 보충할 때 '동사+得+형용사'의 형태로 나타내는데 이것을 정도보어문이라고 한다.

• 나는 달리기가 느리지 않아.	**我跑得不慢。**
• 그 사람은 말하는 것이 빠르지 않아.	**他说得不快。**
• 그녀는 예쁘게 생기지 않았어.	**她长得不漂亮。**
• 우리 형(오빠)은 많이 먹지 않아.	**我哥哥吃得不多。**

정도보어를 포함한 문장을 부정할 때는 보어 부분을 부정해야 한다.

• 그 사람은 달리기가 빠른가요?	**他跑得快吗?**
• 당신은 말하는 것이 빨라요, 안 빨라요?	**你说得快不快?**

정도보어 문장을 의문문으로 표현할 때는 보어 부분을 '긍정+부정' 형태로 나타내거나 의문조사 吗를 이용한다.

• 그 사람은 축구를 정말 잘 해.	**他踢足球踢得很棒。/**
	他足球踢得很棒。
• 그 사람은 중국어 말하는 것이 빨라.	**他说汉语说得很快。/**
	他汉语说得很快。

목적어가 있을 때는 '(서술어)+목적어+서술어+得+보어'의 형태로 나타낸다.

단어 跑 pǎo 통 달리다, 뛰다 | 长 zhǎng 통 (모습 등이) 생기다, 자라다 | 踢 tī 통 (발로) 차다 | 足球 zúqiú 명 축구 | 棒 bàng 형 훌륭하다, 최고다

02 你好好儿复习了吗?

- 너 열심히 공부해.
- 너 푹 쉬어.
- 너 천천히 먹어.
- 너 천천히 와.

你好好儿学习吧。

你好好儿休息吧。

你慢慢儿吃吧。

你慢慢儿来吧。

잘	好好儿 hǎohǎor → hǎohāor	멀리	远远地 yuǎnyuǎn de
천천히	慢慢儿 mànmànr → mànmānr	크게	大大地 dàdà de

단음절 형용사는 중첩하여 부사로 만들 수 있다. 이때 儿을 덧붙이기도 하고, 부사화 접미사 地 (de)를 덧붙이기도 한다. 일부 형용사는 두 번째 음절이 1성으로 바뀔 수 있다.

03 你只要有志向，就一定能成功

- 노력만 하면 잘 배울 수 있어.
- 비가 안 온다면 우리는 등산하러 가.
- 시간만 있으면, 나는 중국어 공부를 해.
- 모두 함께 노력하기만 하면 이 어려움을 극복할 수 있어.

只要努力，就能学好。

只要不下雨，我们就去爬山。

只要有时间，我就学习汉语。

只要大家一起努力，就能克服 这个困难。

只要는 '~하기만 하면'이라는 의미의 접속사이다. 주로 '只要……，就……'의 형태로 써서 '~하기만 하면, ~이다'라는 조건과 결과의 관계를 나타낸다.

단어 爬山 páshān 동 등산하다 | 克服 kèfú 동 극복하다 | 困难 kùnnan 명 어려움

04 别忘了还要多听、多说 🎧 MP3 07-08

• 약 먹는 것 잊지 마.	别忘了吃药。
• 이름 쓰는 것 잊지 마세요.	别忘了写名字。
• 휴대전화 가져가는 것 잊지 마.	你别忘了带手机。
• 나한테 전화하는 것 잊지 마.	别忘了给我打电话。

别忘了는 '~하는 것을 잊지 마세요'라는 의미의 관용 표현이다. 别忘了 뒤에 동사구를 넣어서 표현할 수 있다.

05 我每天都学习三个小时的汉语 🎧 MP3 07-09

• 나는 중국어를 1년 동안 배웠다.	我学汉语学了一年。 / 我学了一年(的)汉语。
• 나는 수업을 30분 동안 들었다.	我听课听了三十分钟。 / 我听了三十分钟(的)课。
• 나는 비행기를 3시간 동안 탔다.	我坐飞机坐了三个小时。 / 我坐了三个小时(的)飞机。
• 나는 차를 1시간 동안 운전했다.	我开车开了一个小时。 / 我开了一个小时(的)车。

시량보어를 포함한 문장에 목적어가 있을 때는 '동사＋목적어＋동사＋시량보어' 혹은 '동사＋시량보어＋(的)＋목적어'로 나타낼 수 있다.

• 나는 그 사람을 30분 동안 기다렸다.	我等他等了三十分钟。 / 我等了他三十分钟。
• 나는 그 사람을 30분 동안 찾았다.	我找他找了三十分钟。 / 我找了他三十分钟。

목적어가 사람일 경우 '동사＋목적어＋(동사)＋시량보어'로 나타낸다.

연습해 봐요!

단어를 교체하며 문형을 익히는 연습입니다. 반복하여 읽어 보세요.

1

1 2 3 4 5 MP3 07-10

时间过得很快。

弟弟吃得很快。

妈妈走得很慢。

我妹妹长得很漂亮。

그 사람은 중국어를 잘 해.

그 사람은 달리기가 빠르지 않아.

나 요즘 잘 지내.

네 동생 많이 먹어?

2

1 2 3 4 5 MP3 07-11

慢慢儿说。

慢慢儿吃。

你们好好儿商量商量。

你要好好儿学习汉语。

당신은 푹 좀 쉬세요.

천천히 쓰세요.

천천히 마셔요.

당신은 시험 준비를 잘 해야 해요.

3 〔MP3 07-12〕

只要努力，就能成功。

只要不下雨，就去公园。

只要有空儿，就去图书馆。

只要有时间，就跟你一起去看电影。

노력만 하면 잘 배울 수 있어.

의지만 있으면 성공할 수 있어.

그 사람은 돈만 있으면 책 사러 가.

날씨가 좋으면 난 너와 함께 등산 갈 거야.

4 〔MP3 07-13〕

别忘了喝水。

别忘了带伞。

别忘了给我买书。

别忘了给他打电话。

일기예보 보는 것 잊지 마.

새 단어 외우는 것 잊지 마.

창문 닫는 것 잊지 마세요.

여권 챙기는 것 잊지 마세요.

单어 伞 sǎn 명 우산 | 窗户 chuānghu 명 창문

본문을 응용한 회화 연습입니다. 뜻을 생각하며 읽어 보세요.

MP3 07-14

1

A 最近过得怎么样?
Zuìjìn guò de zěnmeyàng?

B 过得还好，你呢?
Guò de hái hǎo, nǐ ne?

"요즘 잘 지내?"
라는 의미로 자주
쓰는 표현이에요.

2

A 这件事你得跟老师好好儿商量商量。
Zhè jiàn shì nǐ děi gēn lǎoshī hǎohāor shāngliang shāngliang.

B 知道了。
Zhīdào le.

得의 위치에 유의
하세요.

3

A 下午会下雨，别忘了带伞。
Xiàwǔ huì xiàyǔ, bié wàngle dài sǎn.

B 差点儿忘了，谢谢妈妈。
Chàdiǎnr wàng le, xièxie māma.

4

A 你别忘了背生词。
Nǐ bié wàngle bèi shēngcí.

B 好的，老师。
Hǎo de, lǎoshī.

5

A 他跑得快不快?
Tā pǎo de kuài bu kuài?

B 他跑得不太快。
Tā pǎo de bú tài kuài.

단어 差点儿 chàdiǎnr 児 하마터면

실생활에서 바로 사용할 수 있는 좋은 표현입니다. 잘 활용해 보세요. MP3 07-15

我对汉语很感兴趣。
Wǒ duì Hànyǔ hěn gǎn xìngqù.
나는 중국어에 관심이 많아.

别在课堂上打瞌睡。
Bié zài kètáng shang dǎ kēshuì.
수업 시간에 졸지 마세요.

今天就到这儿吧。
Jīntiān jiù dào zhèr ba.
오늘은 여기까지 하겠습니다.

今天你迟到了。
Jīntiān nǐ chídào le.
너 오늘 지각했어.

你有几门必修课?
Nǐ yǒu jǐ mén bìxiūkè?
너는 필수 과목 몇 개 있니?

请不要旷课。
Qǐng búyào kuàngkè.
수업에 빠지지 마세요.

我听三门专业选修课。
Wǒ tīng sān mén zhuānyè xuǎnxiūkè.
나는 전공 선택 세 과목 들어.

考试不要作弊。
Kǎoshì búyào zuòbì.
시험 치면서 부정행위 하지 마세요.

자주 활용할 수 있는 문장입니다. 100문장 암기를 목표로 외워 보세요.

MP3 07-16

61

这次考得不好。

62

他说得太好了。

63

别忘了背生词。

64

好好儿工作。

65

别忘了带手机。

66

这是什么意思?

67

只要有时间，我就去图书馆。

68

我学汉语学了三个小时。

69

我今天坐了一个小时的车。

70

有志者，事竟成。

벌써 70문장이 술술!

| 61 | 62 | 63 | 64 | 65 | 66 | 67 | 68 | 69 | 70 |

手不释卷
Shǒu bú shì juàn

MP3 07-17

손에서 책을 내려놓지 않다

여몽(吕蒙)은 삼국시대 오 나라 장수로 많은 전공을 세운 바 있다. 하지만 어렸을 때 집안이 가난하여 공부를 하지 못했다. 그가 장군이 된 이후에 그의 왕인 손권(孙权)은 그에게 책을 많이 읽을 것을 권했다. 여몽은 손권의 건의에 따라 책을 읽었는데 긴박한 전쟁터에서도 책을 읽을 정도로 손에서 책을 놓지 않았다. 그리하여 후에 여몽은 학식이 뛰어난 장군이 되었다. 手不释卷은 '손에서 책을 내려놓지 않다'라는 뜻으로, 공부를 매우 열심히 한다는 것을 비유하는 성어이다.

08

你比以前精神多了

○ 학습 목표　비교문과 방향보어를 정확하게 이해하고 이를 활용할 수 있다.

○ 학습 내용　**1.** 비교문　**2.** 방향보어

我从上个月开始学游泳了。

看上去你比以前精神多了。

李世明

林芳

생각해 보요!

想一想!

다음 상황을 중국어로 생각해 보세요.

이세명

와! 샤오린 아냐? 어서 들어와! 요즘 어떻게 지내?

린팡

잘 지내지. 나 지난달부터 수영 배우기 시작했어.

이세명

어쩐지 너 좀 마른 것 같았어.

린팡

나도 살이 좀 빠진 것 같다고 생각해.

이세명

또 보기에도 이전보다 훨씬 생기 있어.

린팡

나 매주 세 번 가고, 이미 한 달 동안 계속 유지하고 있어.

이세명

사실 나도 수영하는 것 좋아해. 하지만 이번 달에 한 번만 갔어.

린팡

맞다, 나 하마터면 잊어버릴 뻔했네, 네가 가장 좋아하는 운동이 수영이지?

이세명

그래, 나중에 나와 너 함께 수영하러 가자!

린팡

좋은 생각이야! 정한 거야!

> 운동과 건강에 관련된 내용입니다. 중국어로 어떻게 표현할 수 있을지 생각해 보세요.

본문 ① 대화하기

운동과 건강을 주제로 한 대화입니다. 뜻을 생각하며 읽어 보세요.

李世明　哇！这不是小林吗？快进来❶！最近过得怎么样？

林芳　挺好的。我从上个月开始学游泳了。

李世明　怪不得❷你好像瘦了。

林芳　我也觉得瘦了一点儿。

李世明　而且看上去❸你比以前精神多了❹。

林芳　我每个星期去三次，已经坚持一个月了。

李世明　其实我也很喜欢游泳，可是这个月就去了一次。

林芳　对了，我差点儿❺忘了，你最喜欢的运动就是游泳吧？

李世明　是啊。改天我跟你一起去游泳吧！

林芳　好主意！一言为定！

본문 ② 간추려 말하기

본문의 대화를 평서문으로 옮긴 것입니다. 뜻을 생각하며 읽어 보세요.

MP3 08-03

　　小林从上个月开始学游泳，每个星期去三次，已经坚持一个月了。现在她不但比以前瘦了，而且还比以前精神了很多。世明也很喜欢游泳，所以他们打算改天一起去游泳。

문법 Tip!

❶ 동사 뒤에 방향보어 来를 사용하여 동작의 방향이 말하는 사람 쪽으로 가까워지는 것을 나타낸다.

❷ 怪不得는 '어쩐지'라는 의미의 부사이다.

❸ 看上去는 '보기에', '보아하니'라는 의미이다.

❹ 比를 사용한 비교문으로 多了로 비교 정도의 차이가 큼을 나타낸다.

❺ 差点儿은 '하마터면'이라는 의미의 부사이다.

 발음 Tip!

好主意의 발음

好主意의 표기는 hǎo zhǔyi이지만 중국어는 3음절일 때 가운데 음절이 약화되기 때문에 세 번째 음절이 경성이더라도 원래의 성조로 발음되기도 한다. 그래서 好主意는 실제로 hǎo zhuyì로 발음된다.

본문에 나온 새 단어입니다. 글자, 한어병음, 뜻을 모두 익히세요. (MP3 08-04)

□ **哇** wā 김 왜[뜻밖의 놀람을 나타낼 때]

□ **进** jìn 동 (밖에서부터 안으로) 들다

□ **过** guò 동 지나다, 보내다

□ **挺** tǐng 부 매우

□ **开始** kāishǐ 동 시작하다 명 시작

□ **游泳** yóuyǒng 동 수영하다 명 수영

□ **怪不得** guàibude 부 어쩐지

□ **瘦** shòu 형 마르다, 여위다

□ **而且** érqiě 접 게다가, 또한

□ **看上去** kàn shàngqù ~해 보이다

□ **比** bǐ 전 ~보다

□ **精神** jīngshen 형 생기 있다, 활기차다

□ **每** měi 대 매, ~마다

□ **坚持** jiānchí 동 지속하다

□ **其实** qíshí 부 사실은

□ **就** jiù 부 오직, 단지

□ **差点儿** chàdiǎnr 부 하마터면

□ **运动** yùndòng 명 운동 동 운동하다

□ **改天** gǎitiān 명 다른 날, 후일

□ **好主意** hǎo zhǔyi 좋은 생각

□ **一言为定** yìyán-wéidìng
  성 한 마디로 정하다

□ **不但** búdàn 접 ~뿐만 아니라

□ **不但……而且……** búdàn……
  érqiě…… ~할 뿐만 아니라 또한 ~하다

초급 단계에서 꼭 필요한 주요 문법입니다. 반복하여 학습하세요.

01 快进来!

🎧 MP3 08-05

• 그 사람이 들어왔어. / 그 사람이 올라왔어.	他进来了。/ 他上来了。
• 그 사람이 나갔어. / 그 사람이 돌아갔어.	他出去了。/ 他回去了。

'동사+보어'의 형태로 동작의 방향을 나타내는 것을 '방향보어'라고 한다. 그중 보어의 자리에 来 또는 去를 이용한 방향보어를 '단순방향보어'라고 한다. 동작이 말하는 사람의 위치에 가까워질 경우 '동사+来'를 쓰고, 말하는 사람의 위치에서 멀어질 경우 '동사+去'를 쓴다. 이때 방향보어 인 来나 去는 가볍게 발음한다.

• 그 사람이 달려 들어왔어.	他跑进来了。
• 그 사람이 걸어 나갔어.	他走出去了。

방향보어는 '동사+上/下/进/出/回/过/起+来/去'의 형태, 즉, 두 음절로 보어를 이루어 말할 수 있는데, 이를 '복합방향보어'라고 한다.

	上	下	进	出	回	过	起
来	上来	下来	进来	出来	回来	过来	起来
去	上去	下去	进去	出去	回去	过去	

02 怪不得你好像瘦了

🎧 MP3 08-06

• 어쩐지 그 사람이 시험을 잘 못 쳤더라.	怪不得他没考好。
• 어쩐지 그 사람이 가고 싶어 하지 않더라.	怪不得他不想去。
• 어쩐지 그 사람이 요즘 나한테 전화를 안 하더라.	怪不得他最近没给我打电话。
• 어쩐지 너 중국어 말하는 것이 그 사람들보다 낫더라.	怪不得你的汉语比他们说得好。

怪不得는 '어쩐지'라는 의미의 부사로, 원인이나 이유가 분명해져서 어떤 상황에 대해 더 이상 궁금해하지 않게 되었을 때 사용하는 표현이다.

03 看上去你比以前精神多了

MP3 08-07

- 그 사람은 약 40살쯤 되어 보여.   他看上去大概四十岁。
- 이 빵 맛있어 보여.   这个面包看上去很好吃。
- 엄마가 이 옷을 입으니까 활기 있어 보여.   妈妈穿这件衣服看上去很精神。
- 아빠가 어제 잘 못 주무셔서 피곤해 보여.   爸爸昨天没睡好，看上去很累。

看上去는 '보기에', '보아하니'라는 의미를 나타내며, 주로 사람의 외모나 어떤 사물의 겉모습을 보고 어떤 생각을 표현할 때 사용한다.

04 你比以前精神多了

MP3 08-08

- 내가 그 사람보다 키가 커.   我比他高。
- 이것은 저것보다 비싸.   这个比那个贵。
- 오늘이 어제보다 더 더워.   今天比昨天还热。
- 중국어가 영어보다 더 재미있어.   汉语比英语更有意思。

比를 사용하여 A와 B의 정도를 비교할 수 있다. 'A+比+B+형용사'는 'A가 B보다 ～하다'라는 뜻이다. 이때 형용사를 수식할 수 있는 부사로는 还와 更이 있고, 太와 很은 사용할 수 없다.

- 나는 그 사람보다 두 살 많아.   我比他大两岁。
- 나는 그 사람보다 훨씬 뚱뚱해.   我比他胖多了。
- 나는 이전보다 살이 많이 빠졌어.   我比以前瘦了很多。
- 이 책은 저 책보다 좀 어려워.   这本书比那本书难一点儿。

비교문에서 구체적인 차이의 정도를 나타내려고 할 때는 형용사 뒤에 수량 표현을 쓸 수 있다. 그 외에 一点儿, 一些, 多了, 很多 등으로 차이의 대략적인 정도를 표현할 수도 있다.

단어 胖 pàng 휑 뚱뚱하다, 살찌다 | 一些 yìxiē 약간, 조금

- 나는 그 사람보다 키가 크지 않아.　　　　　**我不比他高。**
- 이것이 저것보다 비싼 것은 아니야.　　　　　**这个不比那个贵。**

比 비교문의 부정은 不를 이용하여, 'A+不比+B+형용사'의 형태로 나타낸다. 의미는 'A는 B보다 ～하지 않다'이다.

- 나는 그 사람만큼 키가 큰 것은 아니야.　　　**我没有他高。**
  [나는 그 사람보다 작아.]

- 이것이 그것만큼 비싼 것은 아니야.　　　　　**这个没有那个贵。**
  [이것이 저것보다 싸.]

- 서울의 겨울은 베이징만큼 그렇게 춥지는 않아.　**首尔的冬天没有北京那么冷。**

比 비교문의 부정은 没有를 사용할 수도 있다. 'A+没有+B+(那么/这么)+형용사'의 형태로 쓰고, 'A가 B만큼 ～하지 않다'라는 의미를 나타낸다. 没有로 부정문을 만들 경우 형용사 앞에 那么나 这么가 오기도 한다. 比 비교문의 부정은 不比로 나타낼 수도 있고, 没有로 나타낼 수도 있지만 不比는 상대적으로 자주 사용하지 않는다.

〓단어〓 那么 nàme 团 그렇게, 그런

05 差点儿忘了　　　　　

- 나는 하마터면 지각할 뻔했어.　　　　　　　　　**我差点儿迟到了。**
- 나는 하마터면 틀리게 쓸 뻔했어.　　　　　　　　**我差点儿写错了。**
- 네가 말하지 않았으면 나는 하마터면 잊어버릴 뻔했어.　**你不说的话，我差点儿忘了。**
- 그 말을 듣고 그녀는 하마터면 울 뻔했어.　　　　**听到那句话，她差点儿哭了。**

差点儿은 '하마터면'이라는 의미의 부사이다. '差点儿+서술어'의 형태로 써서 '하마터면 ～할 뻔했다', 즉, '～을 하지 않았다'라는 뜻을 나타낸다.

〓단어〓 哭 kū 동 울다

단어를 교체하며 문형을 익히는 연습입니다. 반복하여 읽어 보세요.

1 ⌇ 1 2 3 4 5 🎧 MP3 08-10

怪不得这么贵。

怪不得他没去找你。

怪不得商店没开门。

怪不得你考得这么好。

어쩐지 남동생이 밥 먹고 싶어 하지 않더라.

어쩐지 그 사람이 그렇게 여행을 좋아하더라.

어쩐지 그 사람이 너한테 전화를 하지 않았더라.

어쩐지 그 사람 중국어를 이렇게나 잘 말하더라.

2 ⌇ 1 2 3 4 5 🎧 MP3 08-11

我比你高。

他比我大两岁。

弟弟比以前瘦多了。

你比以前高了很多。

그 사람은 나보다 (키가) 작다.

나는 그 사람보다 세 살이 어리다.

형은 예전보다 많이 살쪘다.

그 사람은 예전보다 많이 멋있어졌다.

3

☐ 1 ☐ 2 ☐ 3 ☐ 4 ☐ 5 🎧 MP3 08-12

我每周学三次。

他每年来两次。

每周去两次就行。

我每周爬两次山。

나는 매주 세 번 가.

나는 이미 두 번 말했어.

형은 매주 두 번 수영해.

아빠는 일 년에 두 번 중국에 가셔.

4

☐ 1 ☐ 2 ☐ 3 ☐ 4 ☐ 5 🎧 MP3 08-13

妹妹差点儿哭了。

我差点儿睡着了。

差点儿忘了带伞。

我差点儿告诉他了。

나는 하마터면 지각할 뻔했어.

지갑을 하마터면 잃어버릴 뻔했어.

하마터면 여권 가져가는 걸 잊을 뻔했어.

하마터면 그 사람에게 문자 보내는 것을 깜빡할 뻔했어.

단어 矮 ǎi 혱 (키가) 작다 | 帅 shuài 혱 멋지다, 스마트하다 | 睡着 shuìzháo 동 잠들다 | 丢 diū 동 잃어버리다 | 钱包 qiánbāo 명 지갑

본문을 응용한 회화 연습입니다. 뜻을 생각하며 읽어 보세요.

🎧 MP3 08-14

1

A 你比我大几岁?
Nǐ bǐ wǒ dà jǐ suì?

B 大两岁。
Dà liǎng suì.

'나이가 많다'는 大로, '나이가 어리다'는 小로 나타내요.

2

A 他比你高一点儿吧?
Tā bǐ nǐ gāo yìdiǎnr ba?

B 他不比我高，我们俩差不多。
Tā bù bǐ wǒ gāo, wǒmen liǎ chàbuduō.

3

A 听说他在中国留学过一年。
Tīngshuō tā zài Zhōngguó liúxuéguo yì nián.

B 怪不得他汉语说得那么好。
Guàibude tā Hànyǔ shuō de nàme hǎo.

4

A 哎哟，今天起床起得太晚，差点儿迟到了。
Āiyō, jīntiān qǐchuáng qǐ de tài wǎn, chàdiǎnr chídào le.

B 还好，老师还没来呢。
Hái hǎo, lǎoshī hái méi lái ne.

还好는 '다행이다'라는 의미예요.

5

A 这个电脑比那个贵多了。
Zhège diànnǎo bǐ nàge guì duō le.

B 是啊，买那个吧。
Shì a, mǎi nàge ba.

단어 哎哟 āiyō 래 어머나

더 높이 날아 봐요! 更上一层楼!

실생활에서 바로 사용할 수 있는 좋은 표현입니다. 잘 활용해 보세요.

心宽体胖
xīnkuān-tǐpán
마음이 넓으면 몸도 편안하다

满头大汗
mǎntóu-dàhàn
온 얼굴이 땀으로 가득하다

大腹便便
dàfù-piánpián
배가 뚱뚱하다

我这是啤酒肚ㄦ。
Wǒ zhè shì píjiǔdùr.
이건 내 맥주 배야.

精神压力很大。
Jīngshén yālì hěn dà.
정신적인 스트레스가 많아요.

我觉得你缺乏运动。
Wǒ juéde nǐ quēfá yùndòng.
내 생각에 당신은 운동 부족인 것 같아요.

先做一下准备动作。
Xiān zuò yíxià zhǔnbèi dòngzuò.
먼저 준비 운동부터 하세요.

连走路都吃力。
Lián zǒulù dōu chīlì.
걷는 것도 힘들어.

자주 활용할 수 있는 문장입니다. 100문장 암기를 목표로 외워 보세요.

MP3 08-16

71

差点儿迟到了。

72

北京比这儿热多了。

73

看上去比以前精神多了。

74

怪不得他学习那么努力。

75

外边太冷，你们快进来吧。

76

这个比那个便宜一点儿。

77

我们打算一起去游泳。

78

他比我大两岁。

79

我每周学三次。

80

他比以前瘦多了。

벌써 80문장이 술술!

71	72	73	74	75	76	77	78	79	80
✓									

船和床
Chuán hé chuáng

🎧 MP3 08-17

배와 침대

我说船比床长，　　　　　　나는 배가 침대보다 길다고 했고,
Wǒ shuō chuán bǐ chuáng cháng,

他说床比船长。　　　　　　그 사람은 침대가 배보다 길다고 했다.
tā shuō chuáng bǐ chuán cháng.

我说床不比船长，　　　　　나는 침대가 배보다 길지 않다고 했고,
Wǒ shuō chuáng bù bǐ chuán cháng,

他说船不比床长。　　　　　그 사람은 배가 침대보다 길지 않다고 했다.
tā shuō chuán bù bǐ chuáng cháng.

姐姐说船和床一样长。　　누나는 배와 침대의 길이가 같다고 했다.
Jiějie shuō chuán hé chuáng yíyàng cháng.

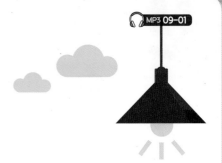

09

这是我的一点儿小心意

MP3 09-01

○ 학습 목표　让 문형과 현재진행문을 정확하게 이해하고 이를 활용할 수 있다.

○ 학습 내용　**1.** 让 문형　**2.** 正……呢

他正准备午饭呢。

我今天真有口福啊!

王阿姨

李世明

다음 상황을 중국어로 생각해 보세요.

왕씨 아주머니

어서 와! 바깥이 많이 춥지? 빨리 들어와.

◐ 중국인의 집을 방문하면
서 일어나는 이야기입니
다. 중국 가정을 방문하였
다고 상상하고 중국어 표
현을 생각해 보세요.

이세명

아주머님 안녕하세요! 이것은 저의 작은 마음의 표시예요. 받으세요.

왕씨 아주머니

빈손으로 와도 되는데 무슨 선물을 샀니!

이세명

이것은 제가 한국에서 가져온 인삼차인데, 마음에 드셨으면 좋겠어요.

왕씨 아주머니

고마워. 자, 앉아.

이세명

댁에 이렇게 많은 꽃을 키우셨네요. 정말 예뻐요!

왕씨 아주머니

우리 남편이 꽃 키우는 걸 좋아해. 남편은 꽃을 키우면 마음이
즐거워진다고 생각해.

이세명

그렇군요. 참, 아주머님 남편 분은요?

왕씨 아주머니

그 사람은 점심 준비 중이야. 오늘 너는 그 사람의 특별 요리를 맛볼
수 있어!

이세명

잘됐네요! 제가 오늘 정말 먹을 복이 있네요!

본문 ① 대화하기

손님 초대를 주제로 한 대화입니다. 뜻을 생각하며 읽어 보세요.

MP3 **09-02**

王阿姨　　欢迎欢迎！外边儿很冷吧？快请进。

李世明　　阿姨好！这是我的一点儿小心意，请收下❶。

王阿姨　　空着❷手来就行，买什么❸礼物啊！

李世明　　这是我从韩国带来的人参茶，希望您喜欢。

王阿姨　　谢谢你。来，请坐。

李世明　　您家养了这么多花，真漂亮！

王阿姨　　我爱人很喜欢养花，他觉得养花可以让❹人心情愉快。

李世明　　是啊。对了，您爱人呢？

王阿姨　　他正准备午饭呢❺。今天你可以尝尝他的拿手菜！

李世明　　太好了！我今天真有❻口福啊！

본문 ② 간추려 말하기

본문의 대화를 평서문으로 옮긴 것입니다. 뜻을 생각하며 읽어 보세요.

🎧 MP3 09-03

上个星期天，我去王阿姨家做客。我从韩国带了一盒人参茶送给她。王阿姨的爱人张叔叔很喜欢养花，做菜也做得很好。那天我特别有口福，因为我尝到了张叔叔做的拿手菜。

🔑 문법 Tip!

❶ 下는 동작이 완성되어 고정된 결과를 나타낸다.

❷ '동사+着'는 다른 동사 앞에서 '~하면서'라는 의미로 방식 혹은 상태를 나타낸다.

❸ 什么는 다른 사람의 말을 인용하여 동의하지 않는 부정의 의미를 나타낸다.

❹ 让은 '~하게 하다'라는 의미를 나타낸다.

❺ '正……呢'는 동작의 진행을 나타내는 표현이다.

❻ '真有+명사' 구조는 '정말 ~ 많다'라는 긍정적인 의미를 나타낸다.

본문에 나온 새 단어입니다. 글자, 한어병음, 뜻을 모두 익히세요. 🎧 MP3 09-04

□ **阿姨** āyí 몡 아주머니

□ **外边儿** wàibianr 몡 밖, 바깥

□ **冷** lěng 혱 춥다

□ **心意** xīnyì 몡 마음, 성의

□ **收** shōu 동 받다, 취하다

□ **空** kōng 동 텅 비다, 비우다

□ **手** shǒu 몡 손

□ **礼物** lǐwù 몡 선물

□ **人参茶** rénshēnchá 몡 인삼차

□ **希望** xīwàng 동 바라다, 희망하다

□ **养** yǎng 동 기르다, 부양하다

□ **花** huā 몡 꽃

□ **爱人** àiren 몡 남편, 부인

□ **让** ràng 동 ~하게 하다, ~하도록 시키다

□ **心情** xīnqíng 몡 감정, 기분

□ **愉快** yúkuài 혱 기분이 좋다, 즐겁다

□ **正** zhèng 뷔 마침, 한창[동작의 진행 또는 지속을 나타냄]

□ **正……呢** zhèng……ne ~하는 중이다

□ **午饭** wǔfàn 몡 점심 식사

□ **尝** cháng 동 맛보다

□ **拿手** náshǒu 혱 (어떤 기술이) 뛰어나다

□ **口福** kǒufú 몡 먹을 복

□ **做客** zuòkè 동 방문하다, 손님이 되다

□ **盒** hé 양 갑, 통[상자 등을 세는 단위]

□ **送** sòng 동 보내다, 선물하다

□ **叔叔** shūshu 몡 삼촌, 아저씨

□ **特别** tèbié 뷔 특히

□ **因为** yīnwèi 접 ~때문에

배워 봐요!

初급 단계에서 꼭 필요한 주요 문법입니다. 반복하여 학습하세요.

01 请收下

- 할머니는 이미 잠이 드셨어.
- 너는 우선 지낼 곳을 찾아봐.
- 이 집을 그 사람은 이미 사들였어.
- 그 사람은 종이 위에 그의 이름을 썼어.

奶奶已经睡下了。

你先找个地方住下吧。

这套房子他已经买下了。

他在纸上写下了他的名字。

下는 '아래'라는 의미에서 확장되어 동작이 완성되어 고정된 결과를 나타내기도 한다.

단어 地方 dìfang 몡 곳, 장소 | 套 tào 양 [세트를 이루는 사물에 사용됨] | 房子 fángzi 몡 집, 건물 | 纸 zhǐ 몡 종이

02 空着手来就行

- 그 사람은 서서 책을 봐.
- 그녀는 웃으면서 "잘 가"라고 말해.
- 그 사람은 불 켜 놓고 자는 걸 좋아해.
- 나는 누운 채로 음악 듣는 것을 좋아해.

他站着看书。

她笑着说 "再见"。

他喜欢开着灯睡觉。

我喜欢躺着听音乐。

'동사+着'는 다른 동사 앞에서 '~하면서', '~한 채로'라는 의미로 뒤에 오는 동작이나 행동의 방식 혹은 상태를 나타낸다.

단어 笑 xiào 통 웃다 | 开 kāi 통 (불을) 켜다 | 灯 dēng 몡 등 | 音乐 yīnyuè 몡 음악

03 买什么礼物啊！

MP3 09-07

• 무슨 운전을 한다고 그래, 지하철 타고 가자.	开什么车啊，坐地铁去吧。
• 무슨 면을 먹고 그래, 요리 몇 개 주문하자.	吃什么面啊，点几个菜吧。
• 이렇게 늦었는데 무슨 볶음밥을 먹어.	这么晚了，吃什么炒饭啊。
• 날씨가 이렇게 추운데, 무슨 아이스커피를 마시고 그래.	天气这么冷，喝什么冰咖啡啊。

什么은 '무엇', '무슨'의 의미를 나타내는 의문사이기도 하지만 의문사로 쓰이지 않는 경우도 있다. 什么는 다른 사람의 말을 인용하여 동의하지 않는 부정의 의미를 나타내기도 한다.

단어 冰 bīng 웹 차다 몡 얼음

04 他觉得养花可以让人心情愉快

MP3 09-08

• 누가 당신한테 오라고 했어요?	谁让你来的啊？
• 당신이 그 사람한테 중국어를 좀 배우라고 하세요.	你让他学学汉语。
• 선생님이 우리한테 본문을 외우라고 하셨어.	老师让我们背课文。
• 그 사람이 나한테 이 일을 너에게 알려 주라고 했어.	他让我告诉你这件事。

让은 'A+让+B+서술어'의 형태로 써서 'A가 B에게 ~하게 하다[시키다]'라는 의미를 나타내며, 叫(~하게 하다)와 용법이 유사하다.

• 사람을 즐겁게 하다	让人高兴
• 사람을 화나게 하다	让人生气
• 사람을 슬프게 하다	让人伤心
• 사람을 힘들게 하다	让人难过

'A+让+B+서술어'의 문형에서 서술어에 심리를 나타내는 동사나 형용사가 나올 경우, 'A는 B가 ~한 기분이 들게 하다'라는 의미를 나타낸다. B의 대상이 특정 인물이 아닐 경우, '让人+동사/형용사'와 같이 쓰기도 한다.

단어 生气 shēngqì 图 화나다, 화내다 | 伤心 shāngxīn 图 슬프다, 상심하다 | 难过 nánguò 웹 힘들다, 괴롭다

- 아빠가 나에게 영화를 보러 가지 못하게 하셨어.
  爸爸不让我去看电影。
- 아이들이 게임하도록 하지 마세요.
  别让孩子玩儿游戏。

让이 있는 문형을 부정할 때는 让 앞에 不, 别, 没有 등을 사용한다.

단어 游戏 yóuxì 명 게임

05 他正准备午饭呢 🎧 MP3 09-09

- 나는 책을 보고 있는 중이야.
  我正看书呢。
- 나는 지금 메시지를 보내는 중이야.
  我正发短信呢。
- 나는 중국어를 배우는 중이야.
  我正学汉语呢。
- 그들은 지금 저녁 식사를 하는 중이야.
  他们正吃晚饭呢。

'正……呢'는 동작의 진행을 나타내는 표현이다. 正은 부사이므로 주어와 동사 사이에 위치하여 '주어＋正＋동사(＋목적어)＋呢'의 어순으로 나타낸다.

06 我今天真有口福啊! 🎧 MP3 09-10

- 그 사람 형(오빠)은 정말 돈이 많아.
  他哥哥真有钱。
- 할머니는 정말 복이 많으셔.
  奶奶真有福气啊。
- 이 아이는 정말 수준이 있어.
  这个孩子真有教养。
- 이 선생님은 정말 학문이 뛰어나셔.
  这位老师真有学问啊。

'真有＋명사' 구조는 '정말 ～이 많다', '정말 ～이 뛰어나다'라는 긍정적인 의미를 나타내는 표현이다.

단어 福气 fúqì 명 복, 행운 | 教养 jiàoyǎng 명 교양 | 学问 xuéwen 명 학식, 학문

단어를 교체하며 문형을 익히는 연습입니다. 반복하여 읽어 보세요.

1 ⟨1⟩ ⟨2⟩ ⟨3⟩ ⟨4⟩ ⟨5⟩ 🎧 MP3 09-11

我开着灯睡觉。

你们别站着说话。

我常常走着去学校。

她笑着跟我们说"再见"。

누워서 책 보지 마세요.

형(오빠)은 뛰어서 지하철을 타러 가.

나는 창문을 열어 놓은 채로 자.

그 사람은 음악을 들으며 숙제하는 것을 좋아해.

2 ⟨1⟩ ⟨2⟩ ⟨3⟩ ⟨4⟩ ⟨5⟩ 🎧 MP3 09-12

这么晚了，吃什么面条啊！

来玩儿就行，送什么礼物啊！

作业这么多，听什么音乐啊！

下星期就要考试了，喝什么酒啊！

이렇게 먼데, 무슨 차를 운전해!

옷이 이렇게 많은데, 무슨 옷을 산다고 그래!

일이 이렇게 바쁜데, 무슨 영화를 본다고 그래!

날씨가 이렇게 추운데 무슨 아이스크림을 먹는다고 그래!

3 🏃 ① ② ③ ④ ⑤ 🎧 MP3 **09-13**

爸爸不让我出去玩儿。

老师让我每天学习三个小时。

那部电影真让人感动。

他考上了大学真让人高兴。

나 좀 쉬게 해 줘.

엄마가 나에게 좀 일찍 오라고 했어.

학생이 공부하지 않으면 정말 화가 나.

무슨 일이 너를 이렇게 슬프게 만들었어?

4 🏃 ① ② ③ ④ ⑤ 🎧 MP3 **09-14**

他正看书呢。

我们正上课呢。

妈妈正准备晚饭呢。

我去他家的时候，他正看电视呢。

그 사람들은 회의 중이다.

아버지는 식사를 하시는 중이다.

오빠는 중국어 공부를 하고 있는 중이다.

내가 그녀에게 전화를 걸었을 때, 그녀는 자고 있었다.

단어 常常 chángcháng 📖 늘, 항상, 자주, 종종 | 面条 miàntiáo 📖 면, 국수 | 酒 jiǔ 📖 술 | 冰淇淋 bīngqílín 📖 아이스크림 | 感动 gǎndòng 📖 감동하다, 감동시키다 | 考上 kǎoshàng 📖 시험에 합격하다 | 开会 kāihuì 📖 회의를 하다

본문을 응용한 회화 연습입니다. 뜻을 생각하며 읽어 보세요.

🎧 MP3 09-15

1

A 你给他发短信了吗?
   Nǐ gěi tā fā duǎnxìn le ma?

B 正在发呢，别着急。
   Zhèngzài fā ne, bié zháojí.

> 正在는 正과 유사한 의미를 나타내요.

2

A 你别站着，先坐一会儿吧。
   Nǐ bié zhànzhe, xiān zuò yíhuìr ba.

B 好的。
   Hǎo de.

3

A 你不是在减肥吗? 还吃什么巧克力啊!
   Nǐ búshì zài jiǎnféi ma? Hái chī shénme qiǎokèlì a!

B 减肥? 减肥从明天开始吧。
   Jiǎnféi? Jiǎnféi cóng míngtiān kāishǐ ba.

> '不是……吗?'는 '~한 것 아니야?' 라는 반어적인 표현이에요.

4

A 你觉得今天的电影怎么样?
   Nǐ juéde jīntiān de diànyǐng zěnmeyàng?

B 真让人感动。
   Zhēn ràng rén gǎndòng.

5

A 我不想坐地铁，走着去吧。
   Wǒ bù xiǎng zuò dìtiě, zǒuzhe qù ba.

B 好! 我也想走着去。
   Hǎo! Wǒ yě xiǎng zǒuzhe qù.

📑 **단어** 正在 zhèngzài 🖭 ~하고 있는 중이다 | 在 zài 🖭 ~하고 있는 중이다 | 减肥 jiǎnféi 🖭 살을 빼다, 다이어트하다

실생활에서 바로 사용할 수 있는 좋은 표현입니다. 잘 활용해 보세요.　 MP3 09-16

咱们一起吃顿饭吧。
Zánmen yìqǐ chī dùn fàn ba.
우리 같이 밥 한 끼 먹어요.

随意，随意。
Suíyì, suíyì.
편한 대로 하세요, 편한 대로.

这个周末我已经有安排了。
Zhège zhōumò wǒ yǐjīng yǒu ānpái le.
이번 주말에는 이미 스케줄이 있어요.

我自己来。
Wǒ zìjǐ lái.
제가 할게요.

来，屋里坐。
Lái, wū lǐ zuò.
자, 들어와서 앉아요.

我吃饱了，你们慢用。
Wǒ chībǎo le, nǐmen màn yòng.
저는 배불러요. 여러분 천천히 드세요.

这是几居室呀?
Zhè shì jǐ jūshì ya?
이것은 방이 몇 개예요?

实在吃不下了，撑死了。
Shízài chī bu xià le, chēngsǐ le.
정말 더 이상 안 들어가요. 배가 터질 지경이에요.

자주 활용할 수 있는 문장입니다. 100문장 암기를 목표로 외워 보세요.　🎧 MP3 09-17

81

这是我们的一点儿小心意。

82

空着手来就行，送什么礼物啊！

83

你别躺着看书。

84

养花可以让人心情愉快。

85

这是我从中国带来的酒。

86

你让我休息一下吧。

87

他请我到他家去做客。

88

你妈妈的拿手菜是什么？

89

他正准备考试呢。

90

我正学习呢。

벌써 90문장이 술술!

| 81 | 82 | 83 | 84 | 85 | 86 | 87 | 88 | 89 | 90 |
| ✔ | | | | | | | | | |

开心一下!
즐겨 보아요!

春晓
Chūn xiǎo

봄날 새벽

🎧 MP3 09-18

孟浩然（唐）맹호연
Mèng Hàorán(Táng)

春眠不觉晓，
Chūn mián bù jué xiǎo,

봄잠에 아침이 오는 걸 깨닫지 못했는데,

处处闻啼鸟。
chùchù wén tí niǎo.

곳곳에서 새 울음소리 들리네.

夜来风雨声，
Yè lái fēngyǔ shēng,

밤에 비바람 몰아치던데,

花落知多少。
huā luò zhī duōshao.

꽃잎은 얼마나 떨어졌을까!

10

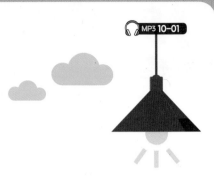

刚刚有人把这本书借走了

다음 상황을 중국어로 생각해 보세요.

이세명

선생님, 이 책 좀 찾아 주시겠어요?

직원

네, 잠깐만 기다리세요.

이세명

어제 인터넷으로 찾아봤어요. 인터넷에는 이 책이 3층에 있다고 쓰여 있는데 못 찾겠어요.

직원

그래요? 그럼 제가 다시 좀 찾아봐 드릴게요. 아! 방금 누군가 이 책을 빌려 갔어요.

이세명

정말이요? 안타깝네요! 그럼 언제 이 책을 빌릴 수 있나요?

직원

우리 대출 기간은 2주예요. 먼저 예약을 하세요.

이세명

죄송하지만, 저는 어떻게 예약을 하는지 몰라요.

직원

우리 도서관은 인터넷 예약 서비스가 있어요. 한번 해 보세요.

이세명

좋아요. 그럼 먼저 이 세 권을 대출할게요.

직원

죄송하지만 책을 제게 건네주시겠어요?

본문 ① 대화하기

도서관에서 책 찾기를 주제로 한 대화입니다. 뜻을 생각하며 읽어 보세요. MP3 10-02

李世明　老师，这本书您帮**❶**我查一下，好吗？

工作人员　好的，您稍等。

李世明　昨天我上网查过，网上**❷**写着这本书在三楼，可是找不到。

工作人员　是吗？那我再帮你查一查。啊！刚刚**❸**有人把**❹**这本书借走了。

李世明　真的吗？太可惜了！那什么时候能借到这本书呢？

工作人员　我们的借期是两周，你先预约吧！

李世明　不好意思，我不知道怎么预约。

工作人员　我们图书馆有网上预约服务。你可以试一试。

李世明　好的，那我先借这三本。

工作人员　麻烦**❺**您把书递给我。

본문 ② 간추려 말하기

본문의 대화를 평서문으로 옮긴 것입니다. 뜻을 생각하며 읽어 보세요.

MP3 10-03

　　我要借一本汉语书。昨天我在图书馆的网站上查到这本书在三楼，可是去了三楼后没找到。工作人员说，刚刚有人把它借走了，我觉得很可惜。不过她告诉我，图书馆的借期是两周，如果在图书馆的网站上预约的话，就能更快地❻借到这本书。

문법 Tip!

❶ 帮은 '돕다'라는 뜻으로 뒤에 오는 사람을 도와서 본인이 대신하거나 함께 할 때 쓰는 표현이다.

❷ '명사+上'의 구조에서 上은 범위를 나타낸다.

❸ 刚刚은 '방금', '막'이라는 의미의 부사이다.

❹ 把 문형은 행위나 동작의 결과를 강조하기 위해서 사용하며, '把+목적어+동사+기타성분'의 형태로 쓴다.

❺ 麻烦은 '번거롭게 하다', '폐를 끼치다'의 의미이다.

❻ 地는 형용사를 부사어로 만들어 주는 조사이다.

读一读!

본문에 나온 새 단어입니다. 글자, 한어병음, 뜻을 모두 익히세요. 🎧 MP3 10-04

□ **本** běn 양 권[책을 세는 단위]

□ **书** shū 명 책

□ **帮** bāng 동 돕다

□ **稍** shāo 부 잠시, 잠깐

□ **上网** shàngwǎng 동 인터넷에 접속하다

□ **写** xiě 동 (글씨를) 쓰다

□ **楼** lóu 양 층

□ **找** zhǎo 동 찾다

□ **刚刚** gānggāng 부 방금, 지금 막

□ **把** bǎ 전 ~을, ~를

□ **借** jiè 동 빌리다

□ **可惜** kěxī 형 아쉽다, 애석하다, 아깝다

□ **什么时候** shénme shíhou 언제

□ **借期** jièqī 대출 기간

□ **周** zhōu 명 주

□ **预约** yùyuē 동 예약하다

□ **服务** fúwù 명 서비스

□ **递** dì 동 건네주다, 넘겨주다

□ **网站** wǎngzhàn 명 인터넷 웹 사이트

□ **它** tā 대 그, 저, 그것[사람 이외의 것]

□ **如果** rúguǒ 접 만약

□ **地** de 조 [부사어를 표시하는 조사]

초급 단계에서 꼭 필요한 주요 문법입니다. 반복하여 학습하세요.

01 这本书您帮我查一下，好吗?

 MP3 10-05

- 내가 물어봐 줄게.
- 내가 가방 들어 줄게.
- 문 좀 열어 줄 수 있어?
- 너 나한테 커피 한 잔 사다 줄 수 있어?

我帮你问问。
我帮你拿包。
能帮我开一下门吗?
你能帮我买一杯咖啡吗?

帮은 '돕다'라는 뜻으로, 뒤에 오는 사람을 도와서 본인이 대신하거나 함께 할 때 쓰는 표현이다. '～를 도와', '～를 위해', '～를 대신해' 등으로 번역할 수 있다.

02 网上写着这本书在三楼

MP3 10-06

- 신문에는 광고가 많아.
- 책에 내 이름이 쓰여 있어.
- 텔레비전에서 내일 비가 오지 않을 것이라고 했어.
- 온라인에서 많은 유용한 자료를 찾을 수 있어.

报纸上广告很多。
书上写着我的名字。
电视上说明天不会下雨。
网上能找到很多有用的资料。

上은 원래 '위'라는 의미이지만 '명사＋上'의 구조에서 上은 범위를 나타내고, '～안'이라는 의미로 쓰인다. 이때 上은 경성으로 표기하고 경성으로 발음한다.

> 단어 | 报纸 bàozhǐ 명 신문, 신문지 | 广告 guǎnggào 명 광고 | 资料 zīliào 명 자료

03 刚刚有人把这本书借走了

MP3 10-07

- 영화가 방금 시작되었어.
- 방금 누군가 너를 찾아왔어.
- 그 사람 방금 기차에서 내려서 밥 먹고 있어.
- 우리 형(오빠)이 방금 나가서 선생님을 만났어.

电影刚刚开始。
刚刚有人来找你。
他刚刚下火车，正吃饭呢。
我哥哥刚刚出门就看见了老师。

刚刚은 '지금', '방금', '막'이라는 의미의 부사로, 뒤에 출현하는 동작이나 상황이 조금 전에 발생했음을 나타낸다.

> 단어 | 出门 chūmén 통 외출하다, 집을 떠나 멀리 가다

04 刚刚有人把这本书借走了 🎧 MP3 10-08

- 나는 오늘 숙제를 다 했어.
- 너는 그 책을 어디에 두었니?

我把今天的作业做完了。

你把那本书放在哪儿了？

把 문형은 행위나 동작의 결과를 강조하기 위해서 사용하는 문형으로, '把＋목적어＋동사＋기타 성분'의 형태로 쓴다.

- 너 이 옷 좀 세탁해.
- 너 그 사람을 병원으로 데려가.

你把这件衣服洗一下吧。

你把那个人送到医院去吧。

你把一个人送到医院去吧。(x)
* 一个人은 특정한 사람이 아니므로 把 문형에 쓸 수 없다.

- 여권 좀 꺼내 주세요.

请把您的护照拿出来。

请把您的护照拿。(x)
* 拿 단독으로는 把 문형의 서술어가 될 수 없다.

- 이번 주말에 나는 이 책을 다 읽을 수 있어.

这个周末我能把这本书看完。

这个周末我把这本书看得完。(x)
* 看得完과 같은 가능보어는 把 문형에 쓸 수 없다.

把 문형은 목적어를 서술어 앞으로 놓는 어순이므로 한국인들이 쓰기 쉽지만 몇 가지 규칙이 있다.
첫째, 목적어는 화자와 청자가 모두 아는 특정 사물이어야 한다.
둘째, 서술어 동사는 능동적인 것으로 서술어 단독으로 쓰일 수 없고, 반드시 다른 성분을 동반해야 한다. '동사＋了/着', '동사 중첩', '동사＋보어' 등의 형태로 쓸 수 있다.
셋째, 동사 뒤 기타 성분에 가능보어를 쓸 수 없다.

- 나는 오늘 숙제를 다 못했어.
- 너 그 책을 그 사람에게 빌려주지 마.
- 나는 내 친구를 너에게 소개해 주고 싶어.
- 이 원화를 위안화로 바꿔 주실 수 있나요?

我没有把今天的作业做完。

你别把那本书借给他。

我想把我的朋友介绍给你。

你能把这些韩元换成人民币吗？

不, 没有, 别와 같은 부정부사, 想, 能, 要 등의 조동사가 있으면 把 앞에 위치한다.

단어 洗 xǐ 통 씻다 | 韩元 hányuán 명 원화 | 成 chéng 통 ～으로 되다

05 麻烦您把书递给我

MP3 10-09

• 번거로우시겠지만 저한테 문 좀 열어 주세요.

麻烦您给我开一下门。 [동사]

• 번거로우시겠지만 저한테 소개 좀 해 주세요.

麻烦您给我介绍一下。 [동사]

• 이 일은 번거로워.

这件事很**麻烦**。 [형용사]

• 폐를 많이 끼쳤어요.

给您添**麻烦**了。 [명사]

麻烦은 '번거롭게 하다', '폐를 끼치다'의 의미로 쓰이기도 하고, 형용사인 '번거롭다', 명사인 '번거로움'으로 쓰이기도 한다. 麻烦은 자주 사용하는 단어이고 이 단어를 활용하여 다양한 공손한 표현을 할 수 있다.

단어 添 tiān 동 더하다

06 就能更快地借到这本书

MP3 10-10

• 그 사람은 신나서 달려 나갔다.

他高兴**地**跑出去了。

• 그 사람은 가볍게 문을 닫았다.

他轻轻**地**把门关上了。

• 그들은 큰 소리로 한담을 나누고 있다.

他们正在大声**地**聊天儿。

• 그 사람은 매우 예의 없게 물었다. "너는 누구야?"

他很不客气**地**问，"你是谁啊？"

地는 동사나 형용사가 다른 동사나 형용사를 수식할 때, 수식하는 동사/형용사를 부사어로 만들어 주는 조사이다. 즉, '동사/형용사＋地＋동사/형용사'의 구조로 쓰이는데, 앞의 동사/형용사가 부사어로서 뒤의 동사/형용사를 수식하게 된다.

단어 轻 qīng 형 조용하다. (무게가) 가볍다 | 大声 dà shēng 동 소리를 크게 내다 형 큰 소리 | 聊天(儿) liáotiān(r) 동 한담하다, 잡담을 하다 | 不客气 bú kèqi 무례하다

연습해 봐요!

단어를 교체하며 문형을 익히는 연습입니다. 반복하여 읽어 보세요.

1

☐1 ☐2 ☐3 ☐4 ☐5 🎧 MP3 10-11

他帮我做饭。

我帮你拿书包。

你帮我开一下门。

我们帮他想想办法吧。

네가 나를 위해 선생님께 좀 물어봐 줘.

내가 너 대신 인터넷에서 예약할게.

내가 너를 위해 그 사람을 찾으러 갈게.

선생님이 우리를 도와 그 문제를 해결해
주셨어.

2

☐1 ☐2 ☐3 ☐4 ☐5 🎧 MP3 10-12

杂志上广告很多。

电视上说今天会下雨。

书上写着很多看不懂的字。

网上能找到很多好听的歌儿。

신문에 광고가 많아.

책에 내 이름이 쓰여 있어.

텔레비전에서 내일 비가 오지 않을
것이라고 했어.

인터넷에서 많은 유용한 자료를 찾을 수
있어.

3 1 2 3 4 5 MP3 10-13

会议刚刚开始。

刚刚有人叫你。

他刚刚进门就看见了老师。

他刚刚下车，正打电话呢。

영화가 막 시작되었어.

방금 누군가 너를 찾아왔어.

우리 형이 방금 나가서 선생님을 만났어.

그 사람은 방금 기차에서 내려서 밥 먹는 중이야.

4 1 2 3 4 5 MP3 10-14

请你把这本书还给他。

你快把他送到医院去。

你把这件衣服洗一下吧。

把你的手机放在桌子上。

문 좀 닫아 주세요.

책을 당신 쪽에 두세요.

남동생이 내 사전을 가져갔어.

이 옷을 그 사람에게 건네주세요.

单어 办法 bànfǎ 명 방법, 수단 | 解决 jiějué 동 해결하다 | 杂志 zázhì 명 잡지 | 还 huán 동 돌려주다

본문을 응용한 회화 연습입니다. 뜻을 생각하며 읽어 보세요.

🎧 MP3 10-15

1

A 他怎么还不去运动啊?
　Tā zěnme hái bú qù yùndòng a?

B 刚刚到家，正吃饭呢。
　Gānggāng dào jiā, zhèng chī fàn ne.

怎么는 방식과 원인을 물을 수 있는데 여기에서는 원인으로 쓰였어요.

2

A 你把我的手机放在哪儿了?
　Nǐ bǎ wǒ de shǒujī fàngzài nǎr le?

B 放在桌子上了。
　Fàngzài zhuōzi shàng le.

3

A 你快把这本书还给他吧。
　Nǐ kuài bǎ zhè běn shū huángěi tā ba.

B 我还没看完呢。
　Wǒ hái méi kànwán ne.

还이 동사로 쓰인 점에 유의하세요.

4

A 你帮我拿一下我的包，我马上来。
　Nǐ bāng wǒ ná yíxià wǒ de bāo, wǒ mǎshàng lái.

B 好，没问题。
　Hǎo, méi wèntí.

5

A 我帮你去问一下老师吧。
　Wǒ bāng nǐ qù wèn yíxià lǎoshī ba.

B 那麻烦你了。
　Nà máfan nǐ le.

那麻烦你了는 '그럼 부탁 드릴게요'라는 의미예요.

더 높이 날아 봐요! 更上一层楼!

실생활에서 바로 사용할 수 있는 좋은 표현입니다. 잘 활용해 보세요.

MP3 10-16

我没带学生证。
Wǒ méi dài xuéshēngzhèng.
나는 학생증을 안 가져왔어요.

到期就得还。
Dàoqī jiù děi huán.
만기가 되면 돌려줘야 해요.

这本书过期了。
Zhè běn shū guòqī le.
이 책은 반납 기한이 지났어요.

能续借吗?
Néng xù jiè ma?
계속 빌릴 수 있을까요?

现在用我的图书证借不了书。
Xiànzài yòng wǒ de túshūzhèng jiè bu liǎo shū.
지금 내 도서관 출입증으로는 책을 빌릴 수 없어요.

请按时还书。
Qǐng ànshí huán shū.
시간 맞춰서 책을 반납해 주세요.

可以在网上延期。
Kěyǐ zài wǎngshang yánqī.
인터넷으로 기한을 연기할 수 있어요.

阅览室在哪儿?
Yuèlǎnshì zài nǎr?
열람실은 어디에 있어요?

자주 활용할 수 있는 문장입니다. 100문장 암기를 목표로 외워 보세요.

🎧 MP3 10-17

91

我刚刚到学校。

92

我帮你在网上查一下吧。

93

我帮你问一下吧。

94

麻烦你给我看看。

95

他刚刚回家，正吃饭呢。

96

网上写着这本书在三楼。

97

你把那本书借给我看一下。

98

我把那个菜都吃完了。

99

你能把这件衣服洗一下吗？

100

你别忘了把那本书拿来。

벌써 100문장이 술술!

| 91 | 92 | 93 | 94 | 95 | 96 | 97 | 98 | 99 | 100 |
| ✓ | | | | | | | | | |

MP3 10-18

天下无难事，只怕有心人。

Tiānxià wú nánshì, zhǐ pà yǒuxīnrén.

의지만 있다면 세상에 못 해낼 일이 없다

이 말을 직역하면 '세상에는 어려운 일이 없다. 단지 뜻이 있는 사람이 두려울 뿐이다.'라는 뜻이다. 어려움에 부닥치더라도 결코 두려워하지 말고, 마음을 먹고 꾸준히 해 나가기만 한다면 아무리 어려운 일이라도 전혀 문제가 될 것이 없다는 것을 뜻한다.

A: 咱们一起去滑雪吧！
Zánmen yìqǐ qù huáxuě ba!
우리 스키 타러 가자!

B: 滑雪？听说滑雪挺难的。
Huáxuě? Tīngshuō huáxuě tǐng nán de.
스키? 듣자니 스키는 너무 어렵다던데.

A: 唉，"天下无难事，只怕有心人"，
Āi, "tiānxià wú nánshì, zhǐ pà yǒuxīnrén",
에이, "의지만 있다면 세상에 못할 일이 없다"고 하잖아.

只要你想学，我就教你。
zhǐyào nǐ xiǎng xué, wǒ jiù jiāo nǐ.
네가 배우려고만 한다면 내가 가르쳐 줄게.

B: 那太好了！我跟你一起去试试吧。
Nà tài hǎo le! Wǒ gēn nǐ yìqǐ qù shìshi ba.
정말 잘됐다! 나 너와 함께 가서 해 볼래.

06~10

复习 2

- 핵심 문형
- 说一说
- 听一听
- 读一读
- 写一写

06
A : 到博物馆需要多长时间？
B : 不堵车，开三、四十分钟就能到。
A : 师傅，您可以快点儿吗？我着急。
B : 那走三环吧。

07
A : 这次考得不太好。
B : 你好好儿复习了吗？
A : 我几乎每天都学习三个小时呢。
B : 别忘了还要多听、多说。加油！

08
A : 这不是小林吗？你过得怎么样？
B : 挺好的。我从上个月开始学游泳了。
A : 怪不得你好像瘦了。
B : 我也觉得比以前瘦了一点儿。

09
A : 王阿姨，您家养了这么多花！
B : 养花可以让人心情愉快。
A : 对啊。您爱人呢？
B : 他正准备午饭呢。

10
A : 老师，这本书您帮我查一下，好吗？我找不到。
B : 我帮你查一查。刚刚有人把这本书借走了。
A : 那什么时候能借到这本书呢？
B : 你先预约吧。

다음 그림을 보고 상황에 어울리게 대화를 만들어 보세요.

1.

A: _____

B: _____

A: _____

B: _____

2.

A: _____

B: _____

A: _____

B: _____

3.

A: _____

B: _____

A: _____

B: _____

4.

A: _____

B: _____

A: _____

B: _____

5.

A: _____

B: _____

A: _____

B: _____

녹음을 듣고 (1)의 질문에 알맞은 답을 보기에서 고르고, (2)의 빈칸에 질문에 대한 알맞은 대답을
중국어로 써 보세요. MP3 f02-02

1. (1) **女的打算去哪ん?**

   보기 ▶ ① 三环 ② 公司 ③ 博物馆 ④ 国家图书馆

   (2) 问: **现在为什么堵车?**

   答: _____

   단어 上下班 shàngxiàbān 몡 출퇴근

2. (1) **女的这次考得怎么样?**

   보기 ▶ ① 不太好 ② 还可以 ③ 很好 ④ 不知道

   (2) 问: **女的每天学习多长时间?**

   答: _____

3. (1) **女的最近在学什么?**

   보기 ▶ ① 游泳 ② 汉语 ③ 跑步 ④ 开车

   (2) 问: **女的晚上还做什么?**

   答: _____

   단어 跑步 pǎobù 몡 달리기 통 달리다

4. (1) 王阿姨家养了什么?

보기▶ ①花 ②鱼 ③狗 ④猫

(2) 问: 男的为什么去王阿姨家?

答: _____

단어 鱼 yú 圆 물고기 | 狗 gǒu 圆 개 | 猫 māo 圆 고양이

5. (1) 女的想借的书在几楼?

보기▶ ①二楼 ②三楼 ③四楼 ④不知道

(2) 问: 女的为什么没找到那本书?

答: _____

다음 글을 읽고 해석해 보세요.

1.　　我跟小林约好在国家博物馆门口见面，因为我出发得太晚，所以打了一辆的士。但是那时正好是上下班时间，所以我们只好走了三环。见到小林后，我发现她比以前瘦多了。原来最近她在学游泳，怪不得看上去比以前更精神了。以后我也打算跟她一起去游泳。

2.　　来中国后，我学习很努力，每天都学习三个小时的汉语，可是期中考试考得不太好。老师告诉我只要有志向，不断努力，就能学好汉语。考试结束后，我打算去图书馆借一些书，工作人员告诉我可以在网上预约。这个周末，妈妈的朋友王阿姨邀请我去她家做客。在王阿姨家，我不但看到了很多漂亮的花，还尝到了她丈夫的拿手菜。我在中国度过了一个十分有意义的学期，我希望下个学期汉语能有更大的进步。

단어 门口 ménkǒu 圀 입구 | 辆 liàng 圀 대[차량을 세는 단위] | 的士 díshì 圀 택시 | 发现 fāxiàn 图 발견하다 | 原来 yuánlái 图 알고 보니 | 不断 búduàn 图 끊임없이, 늘 | 邀请 yāoqǐng 图 초청(초대)하다 | 度过 dùguò 图 (시간을) 보내다, 지내다 | 十分 shífēn 图 매우, 대단히 | 意义 yìyì 圀 의미, 의의 | 学期 xuéqī 圀 학기 | 进步 jìnbù 圀 발전 图 발전하다

写一写

다음 문장을 중국어와 한어병음으로 쓰세요.

1. 엄마가 만든 요리가 더 맛있어.

   C .... P ....

2. 아이는 부모의 말을 들어야 해요.

   C .... P ....

3. 차가 안 막히면 3~40분이면 도착할 수 있어요.

   C .... P ....

4. 그럼 번거롭겠지만 좀 서둘러 주세요.

   C .... P ....

5. 그 사람은 달리기가 그다지 빠르지 않아요.

   C .... P ....

6. 너는 열심히 공부해야 해.

   C .... P ....

7. 많이 듣는 것과 많이 말하는 것이 중요해요.

   C .... P ....

8. 여권 챙기는 것 잊지 마세요.

   C .... P ....

9. 요즘 어떻게 지내세요?

   C .... P ....

10. 나는 다섯 시간 동안 기차를 탔어요.

   C .... P ....

11. 잘 준비하기만 하면 너는 시험을 잘 칠 수 있어.

    C .... **P** ....

12. 나는 하마터면 우산 가져가는 것을 잊어버릴 뻔했어.

    C .... **P** ....

13. 중국어 공부는 사람의 마음을 즐겁게 할 수 있어요.

    C .... **P** ....

14. 빈손으로 오면 되는데 무슨 선물을 사고 그래?

    C .... **P** ....

15. 우리 케이크 좀 먹어요. 어때요?

    C .... **P** ....

16. 오빠는 책을 보고 있어.

    C .... **P** ....

17. 나는 네가 나를 찾을 수 없을까 봐 걱정이야.

    C .... **P** ....

18. 너 빨리 그 사람을 병원으로 데리고 가.

    C .... **P** ....

19. 너 누워서 책 보지 마.

    C .... **P** ....

20. 나는 여태껏 일본에 가 본 적이 없어.

    C .... **P** ....

부록

- 해석과 정답
- 단어 색인

01 看一下您的护照
여권 좀 보여 주세요

▶ **말해 봐요!**

본문 ①

직원 다음 분이요! 안녕하세요! 어디로 가십니까?

한우진 안녕하세요! 베이징에 가요.

직원 여권 좀 보여 주세요.

한우진 여기 있어요. 창 쪽 자리로 주실 수 있나요?

직원 죄송합니다. 창 쪽 자리는 이미 없습니다.

한우진 그럼 아무 곳이나 주세요.

직원 부치실 짐은 몇 개 있으세요?

한우진 딱 하나 있어요.

직원 여기 놓으세요. …… 이것은 손님의 여권과 탑승
권입니다.

한우진 감사합니다.

한어병음	
工作人员	Xià yí wèi! Nín hǎo! Nín yào qù nǎr?
韩雨真	Nín hǎo! Wǒ yào qù Běijīng.
工作人员	Kàn yíxià nín de hùzhào.
韩雨真	Gěi nín. Néng gěi wǒ kào chuāng de zuòwèi ma?
工作人员	Bù hǎoyìsi, kào chuāng de zuòwèi yǐjīng méiyǒu le.
韩雨真	Nà nín suíbiàn gěi ba.
工作人员	Nín yǒu jǐ jiàn xíngli yào tuōyùn?
韩雨真	Zhǐ yǒu yí jiàn.
工作人员	Fàng zhèr ba! …… Zhè shì nín de hùzhào hé dēngjīpái.
韩雨真	Xièxie.

본문 ②

오늘 나는 10시 비행기로 베이징에 간다. 나는 창 쪽 자리
에 앉고 싶었지만 이미 없었다. 나는 짐 하나를 부치고 탑
승권으로 바꾼 후에 탑승 준비를 하였다.

한어병음
Jīntiān, wǒ yào zuò shí diǎn de fēijī qù Běijīng. Wǒ xiǎng zuò kào chuāng de zuòwèi, búguò yǐjīng méiyǒu le. Wǒ tuōyùnle yí jiàn xíngli, huànle dēngjīpái, ránhòu zhǔnbèi dēngjī.

▶ **연습해 봐요!**

1 이 글자 좀 찾아 봐.

저 이 책 좀 보고 싶어요.

너 여기에서 좀 기다려 줘.

나는 집에 가서 좀 쉬고 싶어.

请换一下座位。

你在这儿坐一下。

我用一下你的手机。

我想尝一下这个菜。

2 내일 나는 너희 집에 갈 수 있어.

오늘 나는 학교에 갈 수 없어.

나한테 물 한 잔 줄 수 있어?

네 휴대전화 좀 쓸 수 있을까?

今天我不能去图书馆。

我能开车。

你能不能给他这本书?

能不能用一下你的电脑?

3 나 할 말 있어.

그 사람 차 살 돈 없어.

그 사람은 너희 집에 갈 시간이 없어.

저는 부칠 짐 하나가 있어요.

我没有时间去咖啡厅。

妈妈没有时间喝茶。

我们学校有很多机会说汉语。

我有一本书要给他。

4 나는 케이크를 먹었어.

아빠는 차를 드셨어.

나는 케이크 한 조각을 먹었어.

아빠는 차 한 잔을 드셨어.

我买书了。

妈妈喝咖啡了。

我买了一本书。

妈妈喝了一杯咖啡。

▶ **묻고 답해 봐요!**

1 A 여권 있으세요?

B 있어요.

2 A 부칠 짐 있으세요?

　B 작은 짐 하나 있어요.

3 A 당신과 자리 좀 바꿀 수 있을까요?

　B 문제없어요.

4 A 몇 시 비행기로 베이징에 가세요?

　B 2시 비행기를 타려고 해요.

5 A 이 여행 가방 두 개를 부치려고 해요.

　B 이곳에 두세요.

▶ 외워 봐요!

1 여권 좀 보여 주세요.

2 그 사람은 이미 갔어.

3 편하신 곳에 앉으세요.

4 나는 할 말이 있어.

5 창 쪽 자리 있나요?

6 차가 벌써 왔어.

7 당신의 휴대전화 좀 쓸 수 있을까요?

8 저는 작은 짐 하나만 있어요.

9 저는 부칠 짐이 없어요.

10 나는 중국어 책 한 권을 샀어.

02 您可以试一试
입어 봐도 됩니다

▶ 말해 봐요!

본문 ①

판매원 안녕하세요! 무엇을 사시겠어요?

한우진 그냥 좀 볼게요. …… 이 하얀 스웨터 정말 예뻐
　　　요.

판매원 마음에 드시면 한번 입어 보셔도 됩니다.

한우진 M 사이즈 있나요?

판매원 있어요. 잠깐만 기다려 주세요. …… 여기 있습니다.
　　　(옷을 갈아입은 후)

한우진 M 사이즈는 좀 작아요. 저에게 L 사이즈를 가져다
　　　주시겠어요?

판매원 그럼요. …… 이 옷은 어떠세요?

한우진 이 옷이 딱 맞네요. 지금 세일하나요?

판매원 죄송해요. 이것은 올해 신제품이라서 세일 안 해요.

한우진 네. 이걸로 주세요.

한어병음	
售货员	Nín hǎo, nín xiǎng mǎi shénme?
韩雨真	Wǒ suíbiàn kàn yíxià. …… Zhè jiàn bái máoyī zhēn piàoliang.
售货员	Nín xǐhuan dehuà kěyǐ shì yi shì.
韩雨真	Yǒu zhōnghào de ma?
售货员	Yǒu, qǐng děng yíxià. …… Gěi nín.
	(Huàn yīfu hòu)
韩雨真	Zhōnghào yǒudiǎnr xiǎo. Néng gěi wǒ ná yí jiàn dàhào de ma?
售货员	Méi wèntí. …… Zhè jiàn zěnmeyàng?
韩雨真	Zhè jiàn zhèng héshì. Xiànzài dǎzhé ma?
售货员	Bù hǎoyìsi. Zhè shì jīnnián de xīnkuǎn, bù dǎzhé.
韩雨真	Xíng. Jiù yào zhè jiàn.

본문 ②

이번 주말에 나는 상점에 가서 흰 스웨터 한 벌을 샀다. 이
스웨터는 올해 신제품이어서 세일하지 않았다. 나는 먼저
M 사이즈를 입어 보았지만 M 사이즈는 좀 작아서 L 사이
즈로 바꾸었고, L 사이즈는 딱 맞았다.

한어병음
Zhège zhōumò, wǒ qù shāngdiàn mǎile yí jiàn bái máoyī. Zhè jiàn máoyī shì jīnnián de xīnkuǎn, bù dǎzhé. Wǒ xiān shìle yí jiàn zhōnghào de, búguò zhōnghào de yǒudiǎnr xiǎo, suǒyǐ wǒ huànle yí jiàn dàhào de, dàhào de zhèng héshì.

▶ 연습해 봐요!

1 맛보실 수 있어요.

　질문 있으면 선생님께 물어볼 수 있어.

　이곳은 커피를 마셔도 됩니다.

　이 책 제가 좀 봐도 되나요?

　您可以看一下。

　你可以用手机查一下。

你可以用这里的电脑。

这个周末我可以去你家玩儿吗？

2 날씨가 좀 추워.

이 음식은 좀 비싸.

이 스웨터는 좀 작아.

이곳의 커피는 좀 써.

天气有点儿热。

我最近有点儿忙。

这本书有点儿难。

今天我有点儿累。

3 그 사람이 간다면 나도 가.

마음에 들면 한번 입어 보세요.

일요일에 비가 오면, 나는 안 갈 거야.

내일 시간 있으면, 나랑 같이 놀러 가요.

你喜欢的话，就给你吧。

他买的话，我也买。

有问题的话，问老师吧。

你想我的话，给我打电话吧。

4 그 사람이 나에게 책 한 권을 사 주었어.

저에게 설명 좀 해 주세요.

당신에게 그 사람 사진 좀 보여 줄게요.

오늘 저녁에 제가 당신한테 전화할게요.

给我看一下。

我给大家介绍一下。

我给妈妈买了一件生日礼物。

他给朋友发了一个短信。

▶ **묻고 답해 봐요!**

1 A 어느 옷이 마음에 드세요?

　 B 우선 좀 보고 다시 말할게요.

2 A 이 요리를 제가 좀 맛볼 수 있나요?

　 B 물론이죠. 편하게 드세요.

3 A 이것은 쓰촨 요리예요. 맛이 어때요?

　 B 맛은 좋은데 좀 매워요.

4 A 내일 공원에 가나요?

　 B 만약에 비가 안 오면 가요.

5 A 이 옷 어때요?

　 B 이 옷 사이즈가 딱 맞네요.

▶ **외워 봐요!**

11 편하게 보세요.

12 저는 요즘 좀 바빠요.

13 가기 싫으면 가지 마세요.

14 이 옷은 좀 비싸요.

15 이 옷을 제가 입어 봐도 되나요?

16 이 옷 사이즈가 딱 맞아요.

17 지금 할인해요?

18 당신에게 전화할게요.

19 이 책 당신에게 줄게요.

20 당신이 좋아하면 당신에게 줄게요.

03 | 我想开个账户
저는 계좌를 개설하고 싶어요

▶ **말해 봐요!**

본문 ①

한우진 　 안녕하세요! 계좌 하나 만들고 싶어요.

직원 　 신분증 좀 보여 주세요.

한우진 　 저는 한국인이어서 중국 신분증은 없고 여권만 있어요. 여권도 되죠?

직원 　 당연히 되죠. 이 표 좀 작성해 주세요.

한우진 　 다 작성했어요. 카드도 한 장 만들고 싶은데요.

직원 　 신용카드를 원하세요, 아니면 체크카드를 원하세요?

한우진 　 체크카드면 됩니다. 또 무슨 표를 작성해야 하나요?

직원 　 작성하실 필요 없습니다. 곧 처리해 드릴게요.

　　　 …… 비밀번호 두 번 눌러 주세요.

한우진 　 네, 다 눌렀습니다.

직원 　 다 처리되었습니다. 여기요.

韩雨真 　Nín hǎo! Wǒ xiǎng kāi ge zhànghù.

工作人员 Qǐng gěi wǒ kàn yíxià nín de shēnfènzhèng.

韩雨真 　Wǒ shì Hánguó rén, méiyǒu Zhōngguó de shēnfènzhèng, zhǐ yǒu hùzhào. Hùzhào yě kěyǐ ba?

工作人员 Dāngrán kěyǐ. Qǐng nín tián yíxià zhè zhāng biǎo.

韩雨真 　Tiánhǎo le. Wǒ hái xiǎng bàn yì zhāng kǎ.

工作人员 Nín yào bàn xìnyòngkǎ háishi jièjìkǎ?

韩雨真 　Jièjìkǎ jiù xíng. Hái xūyào tián shénme biǎo ma?

工作人员 Búyòng tián biǎo, wǒ mǎshàng gěi nín bàn. …… Qǐng nín àn liǎng cì mìmǎ.

韩雨真 　Hǎo. Ànwán le.

工作人员 Bànhǎo le, gěi nín.

본문 ②

오늘 나는 은행에 가서 계좌를 개설했고, 또 체크카드를 한 장 만들었다. 계좌를 개설하려면 여권을 제시해야 하고, 또 표 한 장을 작성해야 한다. 체크카드를 만들려면 표를 작성할 필요는 없고, 비밀번호를 두 번 눌러야 한다. 직원이 아주 빨리 처리해 주었다.

Jīntiān wǒ qù yínháng kāile ge zhànghù, hái bànle yì zhāng jièjìkǎ. Kāi zhànghù xūyào chūshì hùzhào, hái yào tián yì zhāng biǎo; Bàn jièjìkǎ búyòng tián biǎo, xūyào àn liǎng cì mìmǎ. Gōngzuò rényuán hěn kuài jiù gěi wǒ bànhǎo le.

▶ 연습해 봐요!

1 밥 다 했어요?
　너희들 모두 배부르게 먹었어?
　그 사람이 한 말을 나는 알아듣지 못했어.
　이 책 아직 다 못 봤어.
　作业做完了吗?
　晚饭准备好了吗?
　这本书你看懂了吗?
　爸爸的生日礼物我们已经买好了。

2 나는 계좌를 개설했어.
　엄마는 차를 마시고 싶어 하셔.
　그는 휴대전화를 샀어.
　저에게 카드를 만들어 주실 수 있나요?
　哥哥吃了个面包。
　我想买本汉语书。
　他点了个炒面。
　他想开个账户。

3 비밀번호를 누를 필요가 없어요.
　나에게 전화할 필요 없어.
　오늘 너는 학교에 갈 필요 없어.
　너는 살 필요 없어, 내가 이미 샀어.
　你不用准备礼物。
　今天你不用做饭。
　你不用买水，我已经买了。
　不用去银行，在这儿办就行。

4 뭐든 사도 돼.
　당신 무슨 일 있어요?
　나는 아무것도 사고 싶지 않아.
　당신은 어머니께 무슨 선물 샀어요?
　什么书都行。
　我没有什么问题。
　我什么电影都没看。
　你有什么话要说吗?

▶ 묻고 답해 봐요!

1 A 근처에 은행 있어요?
　B 바로 앞이에요.

2 A 저는 돈을 찾으려고 해요.
　B 얼마 찾으실 건가요?

3 A 저는 신용카드를 만들려고 해요.
　B 네, 이 표를 작성해 주세요.

4 A 비밀번호를 입력해 주세요.
　　……
　　비밀번호가 틀렸습니다. 다시 한 번 입력해 주세요.

5 A 저는 지폐를 원해요. 동전 주지 마세요.

  B 네, 지폐로 드릴게요.

▶ **외워 봐요!**

21 여권 좀 제시해 주세요.

22 이 표를 작성해 주세요.

23 저는 은행카드를 한 장 만들려고 해요.

24 비밀번호를 눌러 주세요.

25 너는 그 사람에게 전화할 필요 없어.

26 너는 어떤 선물을 준비했니?

27 당신은 이게 좋아요, 아니면 저게 좋아요?

28 당신 커피 마실래요, 아니면 차 마실래요?

29 우리는 준비를 다 했어요.

30 내 말은 이미 다 말했어요.

04 你坐过高铁吗?
고속 철도 타 봤어요?

▶ **말해 봐요!**

본문 ①

왕핑   중간고사 끝나고 너 뭐 할 생각이야?

한우진 이번 주말에 친구 만나러 상하이에 갈 거야.

왕핑   어떻게 갈 거야?

한우진 아직 생각 못했어. 작년 여름 방학에 너는 어떻게
       갔었니?

왕핑   비행기 타고 갔어. 그때 나는 특가 표를 샀었지.

한우진 내 친구가 나더러 고속 철도 타고 가래.

왕핑   너 고속 철도 타 봤어? 듣기로는 요즘 고속 철도
      가 빠르고 편리하대.

한우진 그래? 나는 여태껏 타 본 적 없어.

왕핑   타 본 적이 없다면 체험해 보는 것도 좋아.

한우진 좋아. 그럼 이렇게 결정했어.

> **한어병음**
>
> 王平   Qīzhōng kǎoshì jiéshù yǐhòu, nǐ dǎsuàn zuò
>   shénme?
>
> 韩雨真 Zhège zhōumò wǒ yào qù Shànghǎi jiàn
>   péngyou.

> 王平   Nǐ zěnme qù a?
>
> 韩雨真 Hái méi xiǎnghǎo ne. Qùnián shǔjià nǐ shì
>   zěnme qù de?
>
> 王平   Zuò fēijī qù de. Nà shí wǒ mǎidàole tèjià jīpiào.
>
> 韩雨真 Wǒ péngyou ràng wǒ zuò gāotiě qù.
>
> 王平   Nǐ zuòguo gāotiě ma? Wǒ tīngshuō zuìjìn gāotiě
>   yòu kuài yòu fāngbiàn.
>
> 韩雨真 Shì ma? Wǒ hái cónglái méi zuòguo ne.
>
> 王平   Méi zuòguo dehuà, tǐyàn yíxià yě búcuò.
>
> 韩雨真 Hǎo. Nà jiù zhème dìng le.

본문 ②

이번 주말에 나는 친구를 만나러 상하이에 갈 계획이다.
내 친구 왕핑은 이전에 상하이에 간 적이 있는데, 그는 비
행기를 타고 갔고 그때 특가 표를 샀었다. 듣기로는 요즘
고속 철도가 빠르고 편리하다고 한다. 나는 여태껏 타 본
적이 없어서 이번에 한번 체험해 보고 싶다.

> **한어병음**
>
> Zhège zhōumò wǒ dǎsuàn qù Shànghǎi jiàn péngyou.
> Wǒ de tóngxué Wáng Píng yǐqián qùguo Shànghǎi,
> tā shì zuò fēijī qù de, nà shí tā mǎidàole tèjià jīpiào.
> Tīngshuō zuìjìn gāotiě yòu kuài yòu fāngbiàn, wǒ hái
> cónglái méi zuòguo, suǒyǐ zhè cì xiǎng tǐyàn yíxià.

▶ **연습해 봐요!**

1 그 사람 아직 떠나지 않았어.

  나는 아직 커피를 안 마셨어.

  나는 아직 이 일을 몰라.

  우리는 아직 중국에 가 본 적이 없어.

  他还没起床呢。

  我还没做完作业呢。

  哥哥还没坐过高铁呢。

  我还没吃过中国菜呢。

2 그것은 슈퍼에서 산 거야.

  당신은 뭘 타고 왔어요?

  그 사람은 어디에서 왔어요?

  그 사람의 휴대전화는 작년에 산 거야.

  我是坐飞机来的。

这个菜是用什么做的?

这个电脑是在哪儿买的?

他是从上海来的。

3 엄마가 나한테 숙제하라고 했어.

아빠가 나한테 집에 가서 밥 먹으라고 했어.

선생님께서 나한테 다시 한번 보라고 했어.

누가 너한테 이곳으로 오라고 했어?

你让他准备一下。

爸爸让我买两杯咖啡。

我朋友让我给他打电话。

我让他去问老师。

4 나는 중국에 간 적이 있어.

나는 중국에서 베이징 오리구이를 먹은 적이 있어.

그 사람은 지금까지 나에게 전화한 적이 없어.

이 일은 그 사람이 지금까지 나에게 말한 적이 없어.

我喝过中国茶。

我在中国办过借记卡。

我没学过法语。

我还没尝过北京烤鸭。

▶ 묻고 답해 봐요!

1 A 엄마가 몇 시에 집에 가라고 했어?

B 엄마가 10시 전에 집에 가라고 했어.

2 A 당신은 누구와 함께 간 거예요?

B 친구랑 함께 갔어요.

3 A 당신은 베이징에 가 본 적 있어요?

B 가 본 적 있어요. 당신은요?

4 A 당신 베이징 오리구이 먹어 본 적 있어요?

B 아직 먹어 본 적 없어요. 맛보고 싶어요.

5 A 너 그 옷 샀어?

B 아직 못 샀어. S 사이즈만 있어.

▶ 외워 봐요!

31 우리는 여태껏 이렇게 맛있는 요리를 먹어 본 적이 없어.

32 나는 비행기로 베이징에 가려고 해.

33 나는 오후에 비행기 티켓을 사러 갈 계획이야.

34 이 커피는 내가 마셔 본 적이 있어.

35 이 말은 내가 지금껏 한 적이 없어.

36 엄마가 나에게 집에 가서 밥 먹으라고 하셨어.

37 지하철을 타면 빠르고 편리해.

38 이것은 어디서 산 거예요?

39 당신은 언제 갈 거예요?

40 만약 이것이 비싸다고 생각되면 저것을 사세요.

05 医院离这儿不太远
병원은 여기에서 그다지 멀지 않아요

▶ 말해 봐요!

본문 ①

왕핑 너 얼굴색이 별로 안 좋아. 어떻게 된 거야? 어디 아프니?

한우진 감기 걸린 것 같아. 열이 나고, 머리도 아파.

왕핑 그렇게 심각해? 너 약은 먹었어 안 먹었어?

한우진 이미 먹었는데도 아무 소용이 없어.

왕핑 그럼 빨리 병원에 가 봐.

한우진 나 못 알아들을까 봐 걱정돼. 너 나랑 함께 가 줄 수 있어?

왕핑 문제없어.

한우진 4시가 다 되어 가는데 시간 될까?

왕핑 병원이 여기에서 그다지 멀지 않으니까 택시 타고 가면 늦지 않을 거야.

한우진 그럼 우리 택시 타고 가자.

한어병음	
王平	Nǐ liǎnsè bú tài hǎo, zěnme le, nǎr bù shūfu ma?
韩雨真	Hǎoxiàng gǎnmào le. Fāshāo, tóu yě hěn téng.
王平	Zhème yánzhòng ma? Nǐ chī yào le méiyǒu?
韩雨真	Yǐjīng chī le, kěshì méi shénme yòng.
王平	Nà kuài diǎnr qù yīyuàn ba.
韩雨真	Wǒ pà tīng bu dǒng, nǐ néng péi wǒ yìqǐ qù ma?
王平	Méi wèntí.
韩雨真	Kuài sì diǎn le, láidejí ma?
王平	Yīyuàn lí zhèr bú tài yuǎn, dǎdī qù láidejí.
韩雨真	Nà wǒmen dǎdī qù ba.

본문 ②

어제 나는 머리가 아프고 열도 조금 났다. 아마 감기에 걸린 것 같았다. 약을 먹었는데도 좋아지지 않아서 내 친구 샤오왕이 나를 데리고 함께 병원에 간다고 했다. 병원은 기숙사에서 그다지 멀지 않지만 4시가 다 되어 가서 나는 시간이 늦을까 봐 걱정되었다. 그래서 우리는 택시를 타고 병원에 갔다.

> **한어병음**
>
> Zuótiān, wǒ tóuténg, hái yǒudiǎnr fāshāo, hǎoxiàng gǎnmào le. Chīle yào yě méiyǒu hǎozhuǎn, suǒyǐ wǒ de péngyou xiǎo Wáng shuō péi wǒ yìqǐ qù yīyuàn. Yīyuàn lí sùshè bú tài yuǎn, dànshì kuài sì diǎn le, wǒ pà láibují, suǒyǐ wǒmen dǎdī qùle yīyuàn.

▶ 연습해 봐요!

1 다 봤어요?

그 사람들은 왔어요?

그 사람은 도서관에 갔어요?

그 사람과 이야기 잘 됐어요?

吃饭了没有?

哥哥回家了没有?

准备好了没有?

他起床了没有?

2 이 책을 나는 보고 이해할 수가 없어.

그가 한 말을 당신은 알아들을 수 있나요?

이 책은 내가 이번 주에 다 볼 수 없다.

이렇게 많은 요리를 다 먹을 수 있나요?

上海话你听得懂吗?

我看不懂他写的是什么。

我们现在出发来得及来不及?

这么多的作业我今天做不完。 / 作业这么多我今天做不完。

3 곧 두 시야.

그 사람은 곧 퇴원해.

나는 곧 퇴근해.

은행은 4시에 문을 닫아.

快上课了。

快过年了。

他快三十岁了。

妈妈快过生日了。

4 그의 집은 우리 집에서 가까워.

서점은 은행에서 멀지 않아.

학교는 여기서 멀어요?

인천공항은 서울에서 그다지 멀지 않아.

超市离宿舍很远。

医院离这儿远吗?

我家离海边儿不远。

医院离公司不太远。

▶ 묻고 답해 봐요!

1 A 당신은 언제부터 배가 아프기 시작했나요?

B 어제 저녁부터 (아프기) 시작했어요.

2 A 의사 선생님, 제 병이 심각한가요?

B 별문제 아니에요. 많이 쉬고, 물을 많이 드세요.

3 A 내일 너 학교에 좀 일찍 와.

B 무슨 일 있어?

4 A 그가 하는 말을 당신은 알아들을 수 있어요?

B 거의 알아들어요.

5 A 당신 집은 여기에서 멀어요?

B 그다지 멀지 않아요.

▶ 외워 봐요!

41 무슨 일이에요? 어디 불편하세요[아파요]?

42 그 사람은 감기 걸린 것 같아요.

43 머리가 좀 아파요.

44 그 사람 집으로 돌아갔어요?

45 너는 숙제 다 했니?

46 난 늦을까 봐 걱정이에요.

47 곧 두 시예요.

48 학교는 여기에서 멀지 않아요.

49 좀 싸게 해 주실 수 있나요?

50 그 사람이 한 말은 못 알아들어요.

01-05 复习1
복습1

▶ 핵심 문형

01 A 창 쪽 자리로 주실 수 있나요?

B 죄송합니다. 창 쪽 자리는 이미 없습니다.

A 저 부칠 짐 딱 하나 있어요.

B 여기에 두세요!

02 A 이 옷은 좀 작네요. L 사이즈로 줄 수 있나요?

B 그럼요. 여기요. 이 옷은 어떠세요?

A 이 옷이 딱 맞네요. 지금 세일하나요?

B 죄송합니다. 세일하지 않습니다.

03 A 신분증 좀 보여 주세요.

B 여권도 되죠?

A 당연히 됩니다. 이 표를 작성해 주세요.

B 다 작성했어요. 여기 있습니다.

04 A 당신 고속 철도 타 보셨어요? 빠르고 편리해요.

B 저도 들은 적은 있지만 여태껏 못 타 봤어요.

A 타 보지 않았다면 체험해 보는 것도 좋아요.

B 좋아요. 그럼 이렇게 결정했어요.

05 A 무슨 일이에요? 어디 아파요?

B 감기에 걸린 것 같아요. 열이 나고, 머리도 아파요.

A 약은 먹었어요?

B 이미 먹었는데 아무 소용이 없어요.

▶ 说一说

1 A 您好，这是您的行李吗？

B 对，一共两件。

A 这件小的也要托运吗？

B 是的。

2 A 你看，这件怎么样？

B 挺好看的。

A 不过我觉得有点儿小。

B 那你换一件大号的吧。

3 A 您好！我想办一张借记卡。

B 您有账户吗？

A 没有。

B 那您先开个账户吧。

4 A 你坐过高铁吗？

B 我没坐过。你呢？

A 当然坐过，高铁又快又方便。

B 那放假以后，我坐高铁去上海吧。

5 A 你好，你哪儿不舒服？

B 我头疼，肚子也疼。

A 从什么时候开始的？

B 从昨天晚上开始的。

▶ 听一听

1 (1) ①

(2) 要靠窗的座位

> **녹음대본** MP3 f 01-02
>
> 女：您好！
>
> 男：能给我靠窗的座位吗？
>
> 女：好的。您有几件行李要托运？
>
> 男：这件大的要托运，这件小的不用托运。

2 (1) ③

(2) 因为这件衣服是去年的款。

> **녹음대본** MP3 f 01-02
>
> 女：这件白的有大号的吗？
>
> 男：有。您试试这一件吧！
>
> 女：这件正合适，现在打折吗？
>
> 男：这是去年的款，现在打折。

3 (1) ①

(2) 需要按两次密码

> **녹음대본** MP3 f 01-02
>
> 女：你好！我是韩国人，我可以开个账户吗？
>
> 男：没问题，给我看一下您的护照。
>
> 女：给您。我还想办一张借记卡。
>
> 男：请您填一下这张表，再按两次您的密码。

4 (1) ④

(2) 听说，最近高铁又快又方便。

녹음대본   MP3 f 01-02
女：这个周末我要去上海见朋友。
男：怎么去啊？坐飞机去吗？
女：我还没想好呢。
男：那你坐高铁去吧。听说，最近高铁又快又方
　　便。

5 (1) ②

(2) 医生说话太快，怕听不懂。

녹음대본   MP3 f 01-02
女：头真疼啊！
男：那快去医院看看吧！
女：医生说话太快，我怕听不懂。
男：那我跟你一起去。

▶ 读 一 读

1 올해 9월 나는 비행기로 베이징에 갔는데, 베이징대학으로 유학을 할 생각이 있었기 때문이다. 듣기로 베이징이 비교적 덥다고 해서 별다른 두꺼운 옷을 가져가지 않았다. 하지만 베이징에 도착한 후 난 날씨가 좀 춥다고 생각이 되어서 옷 사러 쇼핑을 가고 싶었다. 상점에서 나는 L 사이즈의 하얀 스웨터 하나가 마음이 들었고 크기가 딱 맞았다. 베이징에서 6개월을 살아야 하기 때문에 나는 은행에 가서 계좌를 개설하고 체크카드 한 장을 만들었다. 카드가 생기니 외출할 때 현금을 가지고 다닐 필요가 없고 물건 사는 것도 훨씬 편리했다.

2 중간고사를 마친 후, 나는 내 친구를 만나러 상하이에 가고 싶었다. 내 친구는 나에게 고속 철도를 타고 가라고 했다. 고속 철도가 빠르고 편리하다고 들어서 나도 이번 기회에 한번 체험해 보았다. 나는 상하이에서 돌아온 후 갑자기 몸이 안 좋은 것 같았다. 배가 아프고 게다가 열도 좀 났다. 그래서 내 친구가 나를 데리고 함께 병원으로 갔다.

▶ 写 一 写

1 明天我不能去学校。
Míngtiān wǒ bùnéng qù xuéxiào.

2 这本书你可以给我吗？
Zhè běn shū nǐ kěyǐ gěi wǒ ma?

3 靠窗的座位已经没有了。
Kào chuāng de zuòwèi yǐjīng méiyǒu le.

4 没有很多机会说汉语。
Méiyǒu hěn duō jīhuì shuō Hànyǔ.

5 请你快点儿。
Qǐng nǐ kuài diǎnr.

6 这个菜有点儿辣。
Zhège cài yǒudiǎnr là.

7 星期天下雨的话，我就不去。
Xīngqītiān xiàyǔ dehuà, wǒ jiù bú qù.

8 请出示一下您的护照。
Qǐng chūshì yíxià nín de hùzhào.

9 我们已经约好了明天见。
Wǒmen yǐjīng yuēhǎole míngtiān jiàn.

10 喝咖啡还是喝茶？
Hē kāfēi háishi hē chá?

11 我去中国银行办了张信用卡。
Wǒ qù Zhōngguó Yínháng bànle zhāng xìnyòngkǎ.

12 开账户需要出示护照。
Kāi zhànghù xūyào chūshì hùzhào.

13 你是什么时候来的？
Nǐ shì shénme shíhou lái de?

14 我是跟老师一起去的。
Wǒ shì gēn lǎoshī yìqǐ qù de.

15 妈妈让我去买苹果。
Māma ràng wǒ qù mǎi píngguǒ.

16 我从来没去过中国。

Wǒ cónglái méi qùguo Zhōngguó.

17 哪儿不舒服吗?

Nǎr bù shūfu ma?

18 好像有点儿发烧。

Hǎoxiàng yǒudiǎnr fāshāo.

19 快三十岁了。

Kuài sānshí suì le.

20 我不知道他说什么。

Wǒ bù zhīdào tā shuō shénme.

06 到博物馆需要多长时间?
박물관까지 얼마나 걸리나요?

▶ **말해 봐요!**

본문 ①

운전기사 　안녕하세요! 어디로 가세요?

이세명 　국립박물관으로 가 주세요.

운전기사 　그럼 길 맞은편에서 차를 잡는 게 더 좋습니다. 이쪽에서 출발하면 돌아가야 해요.

이세명 　제가 급한 일이 있어서요. 앞쪽에서 유턴하면 안 되나요?

운전기사 　저곳은 유턴이 안 됩니다. 보세요, 경찰이 저기 에 서 있잖아요.

이세명 　박물관까지 얼마나 걸리죠?

운전기사 　차가 안 막히면 삼사십 분이면 도착할 수 있어요. 하지만 지금은 길이 막혀서 말하기 어려워요.

이세명 　기사님, 좀 빨리 가 주실 수 있으세요? 제가 급 해서요.

운전기사 　듣기로 제3순환도로가 그리 안 막힌다고 하니 까 제3순환도로로 갑시다.

이세명 　좋아요. 기사님 말씀대로 할게요.

한어병음

司机	Nín hǎo! Nín qù nǎr?
李世明	Qù Guójiā Bówùguǎn.

司机	Nà nín qù duìmiàn dǎchē gèng hǎo. Cóng zhèr chūfā děi rào lù.
李世明	Wǒ yǒu jíshì, dào qiánmiàn diàotóu, bù xíng ma?
司机	Nàr bùnéng diàotóu, nín kàn, jǐngchá zài nàr zhànzhe ne.
李世明	Dào bówùguǎn xūyào duō cháng shíjiān?
司机	Bù dǔchē dehuà kāi sān、sìshí fēnzhōng jiù néng dào. Búguò xiànzài dǔchē, bù hǎoshuō.
李世明	Shīfu, Kěyǐ kuài diǎnr ma? Wǒ zháojí.
司机	Tīngshuō sān huán bú tài dǔ, zǒu sān huán ba.
李世明	Xíng, jiù tīng nín de.

본문 ②

어제 나는 택시를 타고 국립박물관에 갔다. 차를 탄 후에 운전기사님께서 나에게 앞쪽은 유턴을 할 수 없기 때문에 맞은편에 가서 차를 잡는 것이 더 편리하다고 알려 주었 다. 하지만 나는 길을 건너는 것이 비교적 번거롭다는 생 각이 들어서 차에서 내리지 않았다. 그때 길이 막혀서 우 리는 제3순환도로로 갈 수밖에 없었다.

한어병음

Zuótiān, wǒ dǎdī qù Guójiā Bówùguǎn. Shàng chē hòu sījī gàosu wǒ, qiánmiàn bùnéng diàotóu, qù duìmiàn dǎchē gèng fāngbiàn. Dànshì wǒ juéde guò mǎlù bǐjiào máfan, suǒyǐ méi xià chē. Nà shí lùshang hěn dǔ, wǒmen zhǐhǎo zǒule sān huán.

▶ **연습해 봐요!**

1 조심하셔야 해요.

서둘러야 합니다.

자식은 부모님의 말씀을 들어야 해요.

나는 그 사람과 상의를 좀 해야 해요.

你得打的去。

你得多吃点儿。

你得听老师的话。

我得跟他说一说。

2 그 사람은 침대 위에 누워 있어.

그 사람은 의자 위에 앉아 있어.

그 사람은 침대 위에 누워 있지 않아.
그 사람은 의자 위에 앉아 있지 않아.
书在桌子上放着呢。
老师在那儿站着呢。
书没在桌子上放着。
老师没在那儿站着。

3 나는 10분 동안 기다렸어.
나는 30분 쉬었어.
몇 시간 타야 해?
너는 얼마 동안 봤어?
我学了六个月。
需要坐多长时间?
你睡了多长时间?
我在这儿住了三年了。

4 이 일은 지금 말하기 어려워.
너의 이 컴퓨터는 사용하기 좋아.
이렇게 많은 짐은 가지고 가기 어려워.
듣기로 요즘 일 찾기 어렵대.
这条路不好走。
这个菜不好做。
听说这种手机不太好用。
能不能成功我也不好说。

▶ 묻고 답해 봐요!

1 A 서울에서 베이징까지 얼마나 걸려요?
  B 대략 두 시간 정도예요.

2 A 내 휴대전화는요?
  B 탁자 위에 놓여 있어요.

3 A 칭다오에 가려면 비행기를 타고 가는 게 더 편하지요?
  B 아니에요. 고속 철도를 타는 게 더 편리해요.

4 A 바깥이 추우니까 당신은 (옷을) 좀 더 많이 입어야 해요.
  B 네, 스웨터를 더 입을게요.

5 A 한 바퀴 도는 데 얼마나 걸려요?
  B 10분 정도 걸려요.

▶ 외워 봐요!

51 아무래도 중국어를 배우는 게 더 좋겠어.
52 선생님께서 저기에 앉아 계시네.
53 이번에 당신은 좀 조심해야 해요.
54 지하철을 탄다면, 한 시간이면 도착할 수 있어.
55 우리 함께 학교에서 출발하자.
56 조급해 하지 마세요. 우리들이 다시 좀 찾아볼게요.
57 기사님, 좀 빨리 가 주실 수 있어요?
58 아무래도 택시를 타는 게 비교적 빠르겠어.
59 비행기를 타면 얼마나 걸리나요?
60 너는 선생님께 좀 여쭤봐야 해.

07 别忘了还要多听、多说
또 많이 듣고, 많이 말해야 하는 거 잊지 마

▶ 말해 봐요!

본문 ①

이세명 　선생님, 저 이번에 시험을 별로 못 쳤어요.

장 선생님 　너 복습 잘 했어?

이세명 　그럼요, 저 거의 매일 3시간씩 공부했어요.

장 선생님 　그럼 왜 시험을 못 본 거지?

이세명 　저도 왜 그런지 잘 모르겠어요.

장 선생님 　서두르지 마. 중국 사람들은 '有志者，事竟成'이라는 말을 자주 해. 다음엔 반드시 잘 볼 수 있어.

이세명 　선생님, '有志者，事竟成'이 무슨 뜻이에요?

장 선생님 　네가 의지만 있으면 반드시 성공할 수 있다는 말이야.

이세명 　아! 알겠습니다. 선생님, 감사합니다.

장 선생님 　더 많이 듣고, 많이 말해야 하는 거 잊지 마. 파이팅!

한어병음	
李世明	Lǎoshī, wǒ zhè cì kǎoshì kǎo de bú tài hǎo.
张老师	Nǐ hǎohāor fùxí le ma?
李世明	Shì a, wǒ jīhū měitiān dōu xuéxí sān ge xiǎoshí ne.
张老师	Nà wèi shénme méi kǎohǎo ne?

李世明	Wǒ yě bù zhīdào wèi shénme.
张老师	Nǐ bié zháojí, Zhōngguó rén cháng shuō "yǒu zhì zhě, shì jìng chéng", xià cì yídìng néng kǎohǎo.
李世明	Lǎoshī, "yǒu zhì zhě, shì jìng chéng" shì shénme yìsi?
张老师	Yìsi shì, nǐ zhǐyào yǒu zhìxiàng, jiù yídìng néng chénggōng.
李世明	Ò, wǒ míngbai le. Xièxie lǎoshī!
张老师	Bié wàngle hái yào duō tīng、duō shuō. Jiāyóu!

본문 ②

나는 매일 세 시간씩 중국어를 공부했지만 이번에 시험을 잘 못 봤다. 장 선생님은 "의지가 있으면 일은 반드시 이루어진다."며, 내가 의지를 가지고 열심히 공부하기만 한다면 다음엔 반드시 시험을 잘 볼 수 있다고 말씀하셨다. 그녀는 또 나에게 많이 듣고 많이 말하는 것도 중요하다고 알려 주셨다.

한어병음

Wǒ měitiān dōu xuéxí sān ge xiǎoshí de Hànyǔ, kěshì zhè cì kǎoshì kǎo de bú tài hǎo. Zhāng lǎoshī shuō "yǒu zhì zhě, shì jìng chéng." Zhǐyào wǒ yǒu zhìxiàng, nǔlì xuéxí, xià cì yídìng néng kǎohǎo. Tā hái gàosu wǒ duō tīng hé duō shuō yě hěn zhòngyào.

▶ 연습해 봐요!

1 시간이 참 빨리 가네.
동생은 빨리 먹어.
엄마는 걸음이 늦으셔.
내 여동생은 예쁘게 생겼어.
他说汉语说得很好。
他跑得不快。
我最近过得很好。
你弟弟吃得多不多?

2 천천히 이야기해.
천천히 먹어.
당신들은 잘 상의해 보세요.
당신은 중국어를 잘 공부해야 해요.

你好好儿休息休息。
慢慢儿写吧。
慢慢儿喝吧。
你要好好儿准备考试。

3 노력만 하면 성공할 수 있어.
비가 내리지 않으면 공원에 가.
시간만 있으면 도서관에 가.
시간만 있으면 너와 함께 영화 보러 갈게.
只要努力，就能学好。
只要有志向，就能成功。
他只要有钱，就去买书。
只要天气好，我就跟你一起去爬山。

4 물 마시는 것 잊지 마.
우산 가져 가는 것 잊지 마.
나한테 책 사 주는 것 잊지 마.
그 사람한테 전화하는 것 잊지 마.
别忘了看天气预报。
别忘了背生词。
别忘了关窗户。
别忘了带护照。

▶ 묻고 답해 봐요!

1 A 요즘 어떻게 지내세요?
B 그런대로 잘 지내요. 당신은요?

2 A 이 일은 네가 선생님과 잘 상의해야만 해.
B 알겠어요.

3 A 오후에 비가 올 거니까, 우산 가져가는 거 잊지 마.
B 하마터면 잊을 뻔했어요. 엄마, 고마워요.

4 A 새 단어 외우는 것 잊지 마.
B 알겠습니다, 선생님.

5 A 그 사람 달리기가 빠른가요?
B 그 사람은 달리기가 그리 빠르지 않아요.

▶ 외워 봐요!

61 이번에 시험을 못 쳤어.

62 그는 말을 정말 잘해.

63 새 단어 외우는 것 잊지 마.

64 열심히 일하세요.

65 휴대전화 가져가는 것 잊지 마세요.

66 이것은 무슨 뜻이에요?

67 시간만 있으면 나는 도서관에 가.

68 나는 중국어를 세 시간 공부했어.

69 나는 오늘 한 시간 동안 차를 탔다.

70 뜻이 있으면 반드시 성공한다.

08 你比以前精神多了
이전보다 훨씬 생기 있어요

▶ **말해 봐요!**

본문 ①

이세명   와! 샤오린 아냐? 어서 들어와! 요즘 어떻게 지내?
린팡   잘 지내지. 나 지난달부터 수영 배우기 시작했어.
이세명   어쩐지 너 좀 마른 것 같았어.
린팡   나도 살이 좀 빠진 것 같다고 생각해.
이세명   또 보기에도 이전보다 훨씬 생기 있어.
린팡   나 매주 세 번 가고, 이미 한 달 동안 계속 유지하고 있어.
이세명   사실 나도 수영하는 것 좋아해. 하지만 이번 달에 한 번만 갔어.
린팡   맞다, 나 하마터면 잊어버릴 뻔했네. 네가 가장 좋아하는 운동이 수영이지?
이세명   그래, 나중에 나와 너 함께 수영하러 가자!
린팡   좋은 생각이야! 정한 거야!

> **한어병음**
>
> 李世明   Wā! Zhè búshì Xiǎo Lín ma? Kuài jìnlái! Zuìjìn guò de zěnmeyàng?
>
> 林芳   Tǐng hǎo de. Wǒ cóng shàng ge yuè kāishǐ xué yóuyǒng le.
>
> 李世明   Guàibude nǐ hǎoxiàng shòu le.
>
> 林芳   Wǒ yě juéde shòu le yìdiǎnr.
>
> 李世明   Érqiě kàn shàngqù nǐ bǐ yǐqián jīngshen duō le.
>
> 林芳   Wǒ měi ge xīngqī qù sān cì, yǐjīng jiānchí yí ge yuè le.

> 李世明   Qíshí wǒ yě hěn xǐhuan yóuyǒng, kěshì zhège yuè jiù qùle yí cì.
>
> 林芳   Duì le, wǒ chàdiǎnr wàng le, nǐ zuì xǐhuan de yùndòng jiùshì yóuyǒng ba?
>
> 李世明   Shì a. Gǎitiān wǒ gēn nǐ yìqǐ qù yóuyǒng ba!
>
> 林芳   Hǎo zhǔyi! Yìyán-wéidìng!

본문 ②

샤오린은 지난달부터 수영을 배우기 시작했다. 매주 세 번 가고, 이미 한 달 동안 계속 유지하고 있다. 지금 그녀는 이전보다 살이 빠졌을 뿐 아니라 이전보다 훨씬 생기 있다. 세명이도 수영을 좋아해서 그들은 나중에 함께 수영하러 갈 작정이다.

> **한어병음**
>
> Xiǎo Lín cóng shàng ge yuè kāishǐ xué yóuyǒng, měi ge xīngqī qù sān cì, yǐjīng jiānchí yí ge yuè le. Xiànzài tā búdàn bǐ yǐqián shòu le, érqiě hái bǐ yǐqián jīngshen le hěn duō. Shìmíng yě hěn xǐhuan yóuyǒng, suǒyǐ tāmen dǎsuàn gǎitiān yìqǐ qù yóuyǒng.

▶ **연습해 봐요!**

1 어쩐지 이렇게나 비싸더라.
   어쩐지 그 사람이 너를 찾아가지 않았더라.
   어쩐지 상점이 문을 안 열었더라.
   어쩐지 네가 시험을 이렇게 잘 쳤더라.
   怪不得弟弟不想吃饭。
   怪不得他那么喜欢旅行。
   怪不得他没给你打电话。
   怪不得他汉语说得这么好。

2 나는 너보다 (키가) 커.
   그 사람은 나보다 두 살 많아.
   남동생이 이전보다 많이 말랐어.
   너는 이전보다 (키가) 많이 컸어.
   他比我矮。
   我比他小三岁。
   哥哥比以前胖多了。
   他比以前帅多了。

3 나는 매주 세 번 배워.

　그 사람은 해마다 두 번 와.

　매주 두 번 가면 돼.

　나는 매주 두 번 등산해.

　我每周去三次。

　我已经说了两次了。

　哥哥每周游两次泳。

　爸爸一年去两次中国。

4 여동생이 하마터면 울 뻔했어.

　나는 하마터면 잠들 뻔했어.

　하마터면 우산 가져가는 것을 잊어버릴 뻔했어.

　나는 하마터면 그 사람에게 알려 줄 뻔했어.

　我差点儿迟到了。

　差点儿丢了钱包。

　差点儿忘了带护照。

　差点儿忘了给他发短信。

▶ 묻고 답해 봐요!

1 A 당신은 저보다 몇 살이 많아요?

　B 두 살 많아요.

2 A 그 사람이 당신보다 (키가) 좀 크죠?

　B 그 사람 저보다 크지 않아요. 우리 둘은 비슷해요.

3 A 듣기로 그 사람은 중국에서 일년 동안 유학을 했대요.

　B 어쩐지 그 사람 중국어를 그렇게 잘 하더라고요.

4 A 어이쿠, 오늘 너무 늦게 일어나서 하마터면 지각할 뻔했어요.

　B 다행이에요. 선생님이 아직 안 오셨네요.

5 A 이 컴퓨터가 저것보다 훨씬 비싸요.

　B 그러게요. 저걸로 삽시다.

▶ 외워 봐요!

71 하마터면 지각할 뻔했어요.

72 베이징이 여기보다 훨씬 더워.

73 예전보다 훨씬 생기 있어 보여요.

74 어쩐지 그 사람 공부를 그렇게 열심히 하더라고요.

75 밖이 너무 추우니까 빨리 들어오세요.

76 이것이 저것보다 좀 저렴해요.

77 우리는 함께 수영하러 갈 작정이에요.

78 그 사람은 나보다 두 살 많아요.

79 나는 매주 세 번 배워요.

80 그는 이전보다 많이 여위었어요.

09 这是我的一点儿小心意
이것은 제 작은 마음의 표시예요

▶ 말해 봐요!

본문 ①

왕씨 아주머니	어서 와! 바깥이 많이 춥지? 빨리 들어와.
이세명	아주머님 안녕하세요! 이것은 제 작은 마음의 표시예요. 받으세요.
왕씨 아주머니	빈손으로 와도 되는데 무슨 선물을 샀니!
이세명	이것은 제가 한국에서 가져온 인삼차인데, 마음에 드셨으면 좋겠어요.
왕씨 아주머니	고마워. 자, 앉아.
이세명	댁에 이렇게 많은 꽃을 키우셨네요. 정말 예뻐요!
왕씨 아주머니	우리 남편이 꽃 키우는 걸 좋아해. 남편은 꽃을 키우면 마음이 즐거워진다고 생각해.
이세명	그렇군요. 참, 아주머님 남편 분은요?
왕씨 아주머니	그 사람은 점심 준비 중이야. 오늘 너는 그 사람의 특별 요리를 맛볼 수 있어!
이세명	잘됐네요! 제가 오늘 정말 먹을 복이 있네요!

한어병음

王阿姨	Huānyíng huānyíng! Wàibianr hěn lěng ba? Kuài qǐng jìn.
李世明	Āyí hǎo! Zhè shì wǒ de yìdiǎnr xiǎo xīnyì, qǐng shōuxià.
王阿姨	Kōngzhe shǒu lái jiù xíng, mǎi shénme lǐwù a!
李世明	Zhè shì wǒ cóng Hánguó dàilái de rénshēn chá, xīwàng nín xǐhuan.
王阿姨	Xièxie nǐ. Lái, qǐng zuò.
李世明	Nín jiā yǎngle zhème duō huā, zhēn piàoliang!

王阿姨	Wǒ àiren hěn xǐhuan yǎng huā, tā juéde yǎng huā kěyǐ ràng rén xīnqíng yúkuài.
李世明	Shì a. Duì le, nín àiren ne?
王阿姨	Tā zhèng zhǔnbèi wǔfàn ne. Jīntiān nǐ kěyǐ chángchang tā de náshǒu cài!
李世明	Tài hǎo le! Wǒ jīntiān zhēn yǒu kǒufú a!

본문 ②

지난주 일요일에 나는 왕씨 아주머니 댁을 방문했다. 나는 한국에서 인삼차 한 상자를 가져왔고 왕씨 아주머니께 선물했다. 왕씨 아주머니의 남편 장씨 아저씨는 꽃 키우는 것을 좋아하시고, 요리도 잘하신다. 그날 나는 정말 먹을 복이 있었다. 장씨 아저씨께서 하신 특별 요리를 맛볼 수 있었기 때문이다.

한어병음

Shàng ge xīngqītiān, wǒ qù Wáng āyí jiā zuòkè. Wǒ cóng Hánguó dàile yì hé rénshēnchá sònggěi tā. Wáng āyí de àiren Zhāng shūshu hěn xǐhuan yǎng huā, zuò cài yě zuò de hěn hǎo. Nà tiān wǒ tèbié yǒu kǒufú, yīnwèi wǒ chángdàole Zhāng shūshu zuò de náshǒu cài.

▶ 연습해 봐요

1 나는 등을 켜 놓은 채로 잠을 자.
   너희들 서서 얘기하지 마.
   나는 종종 걸어서 학교에 가.
   그녀는 웃으면서 우리에게 "잘 가"라고 말했다.
   别躺着看书。
   哥哥跑着去坐地铁。
   我开着窗户睡觉。
   他喜欢听着音乐做作业。

2 이렇게 늦었는데 무슨 면을 먹는다고 그래!
   놀러 오면 되지, 무슨 선물을 하고 그래!
   숙제가 이렇게 많은데 무슨 음악을 들어!
   다음 주가 곧 시험인데 무슨 술을 마셔!
   这么远，开什么车啊!
   衣服这么多，买什么衣服啊!
   工作这么忙，看什么电影啊!

天气这么冷，吃什么冰淇淋啊!

3 아빠는 내가 놀러 나가지 못하게 해.
   선생님이 나에게 매일 세 시간씩 공부하라고 하셨어.
   그 영화는 정말 감동적이야.
   그 사람이 대학에 합격해서 정말 기뻐.
   让我休息一下吧。
   妈妈让我早点儿回来。
   学生不学习真让人生气。
   什么事让你这么伤心?

4 그는 책을 보고 있는 중이야.
   우리는 수업을 하고 있는 중이야.
   엄마는 저녁 식사를 준비 중이야.
   내가 그 사람 집에 갔을 때, 그 사람은 텔레비전을 보는 중이었어.
   他们正开会呢。
   爸爸正吃饭呢。
   哥哥正学习汉语呢。
   我给她打电话的时候，她正睡觉呢。

▶ 묻고 답해 봐요!

1 A 당신 그 사람한테 문자 보냈어요?
   B 지금 보내고 있어요. 서두르지 마세요.

2 A 서 있지 말고 우선 좀 앉으세요.
   B 네.

3 A 당신 다이어트 하고 있는 것 아니에요? 또 무슨 초콜릿을 먹어요?
   B 다이어트? 다이어트는 내일부터 시작할래요.

4 A 너 오늘 영화 어떤 것 같아?
   B 정말 감동이었어.

5 A 나는 지하철을 타고 싶지 않아요. 걸어서 가요.
   B 좋아요! 나도 걸어서 가고 싶었어요.

▶ 외워 봐요!

81 이것은 우리들의 작은 마음의 표시예요.
82 빈손으로 오면 되는데 무슨 선물이에요!

83 당신 누워서 책 보지 마세요.

84 꽃을 기르면 기분이 좋아져요.

85 이것은 제가 중국에서 가져온 술이에요.

86 너 나 좀 쉬게 해 줘.

87 그 사람이 나를 그 사람 집으로 초대했어요.

88 당신 어머니께서 제일 잘하시는 요리는 뭐예요?

89 그 사람은 지금 시험을 준비하는 중이에요.

90 저는 공부하는 중이에요.

10 刚刚有人把这本书借走了
방금 누군가 이 책을 빌려 갔어요

▶ 말해 봐요!

본문 ①

이세명 선생님, 이 책 좀 찾아 주시겠어요?

직원 네, 잠깐만 기다리세요.

이세명 어제 인터넷으로 찾아봤어요. 인터넷에는 이 책이 3층에 있다고 쓰여 있는데 못 찾겠어요.

직원 그래요? 그럼 제가 다시 좀 찾아봐 드릴게요. 아! 방금 누군가 이 책을 빌려 갔어요.

이세명 정말이요? 안타깝네요! 그럼 언제 이 책을 빌릴 수 있나요?

직원 우리 대출 기간은 2주예요. 먼저 예약을 하세요.

이세명 죄송하지만, 저는 어떻게 예약을 하는지 몰라요.

직원 우리 도서관은 인터넷 예약 서비스가 있어요. 한 번 해 보세요.

이세명 좋아요. 그럼 먼저 이 세 권을 대출할게요.

직원 죄송하지만 책을 제게 건네주시겠어요?

한어병음

李世明	Lǎoshī, zhè běn shū nín bāng wǒ chá yíxià, hǎo ma?
工作人员	Hǎo de, nín shāo děng.
李世明	Zuótiān wǒ shàngwǎng cháguo, wǎngshang xiězhe zhè běn shū zài sān lóu, kěshì zhǎo bu dào.
工作人员	Shì ma? Nà wǒ zài bāng nǐ chá yi chá. À! Gānggāng yǒu rén bǎ zhè běn shū jièzǒu le.

李世明	Zhēn de ma? Tài kěxī le! Nà shénme shíhou néng jièdào zhè běn shū ne?
工作人员	Wǒmen de jièqī shì liǎng zhōu, nǐ xiān yùyuē ba!
李世明	Bù hǎoyìsi, wǒ bù zhīdào zěnme yùyuē.
工作人员	Wǒmen túshūguǎn yǒu wǎngshang yùyuē fúwù. Nǐ kěyǐ shì yi shì.
李世明	Hǎo de, nà wǒ xiān jiè zhè sān běn.
工作人员	Máfan nín bǎ shū dìgěi wǒ.

본문 ②

나는 중국어 책 한 권을 빌리려고 한다. 어제 도서관 사이트에서 이 책이 3층에 있다는 것을 찾았지만, 3층에 갔는데 찾지 못했다. 직원이 방금 누군가 그 책을 빌려 갔다고 해서 나는 아쉬웠다. 하지만 직원은 도서관의 대출 기간이 2주이므로, 만약 도서관 사이트에서 예약하면 더 빨리 이 책을 빌릴 수 있을 것이라고 알려 주었다.

한어병음

Wǒ yào jiè yì běn Hànyǔ shū. Zuótiān wǒ zài túshūguǎn de wǎngzhàn shang chádào zhè běn shū zài sān lóu, kěshì qùle sān lóu hòu méi zhǎodào. Gōngzuò rényuán shuō, gānggāng yǒu rén bǎ tā jièzǒu le, wǒ juéde hěn kěxī. Búguò tā gàosu wǒ, túshūguǎn de jièqī shì liǎng zhōu, rúguǒ zài túshūguǎn de wǎngzhàn shang yùyuē dehuà, jiù néng gèng kuài de jièdào zhè běn shū.

▶ 연습해 봐요!

1 그 사람이 나 대신 밥을 해.

내가 가방을 들어 줄게.

문 좀 열어 주세요.

우리가 그 사람 대신 방법을 좀 생각해 보자.

你帮我问一下老师。

我帮你在网上预约吧。

我帮你去找他。

老师帮我们解决了那个问题。

2 잡지에 광고가 많아.

텔레비전에서 오늘 비가 올 것이라고 했어.

책에 알 수 없는 글자가 많이 써 있어.

인터넷에서 많은 듣기 좋은 노래를 찾을 수 있어.

报纸上广告很多。

书上写着我的名字。

电视上说明天不会下雨。

网上能找到很多有用的资料。

3 회의가 막 시작되었어.

방금 누군가 너를 불렀어.

그 사람은 막 들어와서 선생님을 보았어.

그 사람은 막 차에서 내려서 전화하는 중이야.

电影刚刚开始。

刚刚有人来找你。

我哥哥刚刚出门就看见了老师。

他刚刚下火车，正吃饭呢。

4 이 책을 그 사람에게 돌려주세요.

당신은 어서 그 사람을 병원으로 이송해요.

너 이 옷 좀 세탁해.

네 휴대전화를 탁자 위에 둬.

请把门关一下吧。

把书放在你那儿吧。

弟弟把我的词典拿走了。

你把这件衣服递给他吧。

▶ 묻고 답해 봐요!

1 A 그 사람은 왜 아직 운동을 가지 않나요?

  B 방금 집에 도착해서 밥 먹고 있어요.

2 A 당신 내 휴대전화를 어디에 뒀어요?

  B 탁자 위에 뒀어요.

3 A 당신 빨리 이 책을 그 사람에게 돌려줘요.

  B 난 아직 다 못 봤어요.

4 A 당신이 제 가방 좀 들어 주세요. 저 금방 올게요.

  B 좋아요, 문제없어요.

5 A 내가 당신 대신 선생님께 가서 여쭤볼게요.

  B 그럼 부탁 드려요.

▶ 외워 봐요!

91 나는 방금 학교에 도착했어요.

92 내가 당신 대신에 인터넷에서 찾아볼게요.

93 내가 물어봐 드릴게요.

94 실례지만 제게 좀 보여 주세요.

95 그 사람은 방금 집에 돌아와 밥을 먹고 있어요.

96 인터넷에는 이 책이 3층에 있다고 써 있어요.

97 당신은 그 책을 나에게 좀 빌려주세요.

98 제가 그 요리를 모두 다 먹어 버렸어요.

99 당신은 이 옷을 좀 세탁할 수 있나요?

100 당신 그 책 가져오는 것 잊지 마세요.

06-10 复习 2
복습 2

▶ 핵심 문형

06 A 국립박물관까지는 얼마나 걸리나요?

  B 차가 막히지 않으면 3~40분 가면 도착할 수 있습니다.

  A 기사님, 좀 빨리 가 주실 수 있으세요? 제가 급해서요.

  B 그럼 제3순환도로로 갑시다.

07 A 이번 시험을 잘 못 봤어요.

  B 너 복습은 잘 했니?

  A 거의 매일 3시간씩 공부한 걸요.

  B 또 많이 듣고 많이 말해야 하는 것 잊지 마. 파이팅!

08 A 샤오린 아니야? 어떻게 지내?

  B 잘 지내. 지난달부터 수영을 배우기 시작했어.

  A 어쩐지 너 살이 빠진 것 같아.

  B 나도 예전보다 살이 좀 빠졌다고 생각해.

09 A 왕 아주머님, 댁에 꽃을 이렇게 많이 기르시네요!

  B 꽃을 기르면 마음이 즐거워지거든.

  A 맞아요. 남편 분은요?

  B 그 사람은 점심 식사를 준비하고 있어.

10 A 선생님, 이 책 좀 찾아 주시겠어요? 저는 못 찾겠어요.

  B 제가 찾아 드릴게요. 방금 누군가 이 책을 빌려 갔네요.

A 그럼 언제 이 책을 빌릴 수 있을까요?

B 먼저 예약을 하세요.

▶ 说一说

1 A 师傅，去北京大学。

B 前面不能掉头，走三环行吗？

A 行。需要多长时间？

B 大概二十分钟吧。

2 A 你觉得怎么样才能学好汉语？

B 多听、多说就能学好。

A 我觉得背课文也很重要。

B 你说得对。

3 A 你最近是不是瘦了？

B 是啊。瘦了很多。

A 你每天都去游泳吗？

B 最近有点儿忙，每周去两次。

4 A 欢迎欢迎，快进来吧。

B 你们家真远啊。我给你买了点儿水果。

A 你太客气了，空着手来就行，带什么礼物啊。

B 大家一起吃吧。

5 A 老师，能不能帮我找一下这本书？

B 我查一查。这本书有人刚借走了。

A 那我可以预约吗？

B 我们图书馆有网上预约服务，你可以试一试。

▶ 听一听

1 (1) ④

(2) 现在是上下班时间。

> **녹음대본** MP3 f 02-02
>
> 女：师傅，我要去国家图书馆。
> 男：前面很堵，走三环，怎么样？
> 女：行，现在为什么这么堵啊？
> 男：因为现在是上下班时间。

2 (1) ①

(2) 从星期一到星期五学习两个半小时，周末学习三个小时。

> **녹음대본** MP3 f 02-02
>
> 男：这次考得怎么样？
> 女：不太好。
> 男：你每天学习几个小时啊？
> 女：从星期一到星期五，每天学习两个半小时，周末学习三个小时。

3 (1) ①

(2) 还去公园跑步。

> **녹음대본** MP3 f 02-02
>
> 男：最近看上去你比以前精神多了！
> 女：是吗？我正学游泳呢！
> 男：怪不得你比以前瘦了一点儿。
> 女：每天去学游泳，晚上还去公园跑步呢。

4 (1) ①

(2) 男的要把书还给王阿姨。

> **녹음대본** MP3 f 02-02
>
> 男：王阿姨，您好！您家养了这么多花啊！
> 女：是啊，世明，快进来吧。
> 男：这是上次您借给我的书，都看完了，谢谢您。
> 女：不客气。喝杯茶再走吧！

5 (1) ③

(2) 她看错了。

> **녹음대본** MP3 f 02-02
>
> 女：老师，网上写着这本书在二楼，可是我找不到。
> 男：我帮你查一查。啊！你看错了，不是在二楼，是在四楼。
> 女：是吗？不好意思，我再去找找吧。
> 男：那边儿有电脑，你再查一下吧。

▶ 读一读

1 나는 샤오린과 국립박물관 입구에서 만나기로 약속하였는데 나는 너무 늦게 출발을 해서 택시를 잡았다. 하지만 마침 출퇴근 시간이어서 나는 제3순환도로로 갈 수밖에 없었다. 샤오린을 만난 후 샤오린이 이전보다 많이 여읜 것을 발견했다. 알고 보니 최근에 그녀는 수영을 배운다고 한다. 어쩐지 이전보다 훨씬 생기 있어 보였다. 나중에 나도 그녀와 함께 수영하러 갈 계획이다.

2 중국에 온 이후 나는 공부를 열심히 했다. 매일 중국어를 세 시간씩 공부했지만 중간고사 시험을 잘 못 봤다. 선생님께서는 나에게 의지를 가지고 끊임없이 노력한다면 중국어를 잘 배울 수 있을 것이라고 하셨다. 시험이 끝난 후 나는 도서관에 가서 책을 몇 권 빌리려고 하는데 도서관 직원이 내게 인터넷으로 예약을 할 수 있다고 알려 주었다. 이번 주말에는 엄마의 친구인 왕씨 아주머니께서 나를 집으로 초대하셨다. 나는 왕씨 아주머니 댁에서 예쁜 꽃을 많이 보았을 뿐 아니라 아주머니 남편분의 특별 요리를 맛보기도 했다. 나는 중국에서 매우 의미 있는 한 학기를 보냈고, 다음 학기에 중국어 실력에 더 많은 발전이 있길 바란다.

▶ 写一写

1 妈妈做的菜更好吃。
   Māma zuò de cài gèng hǎochī.

2 孩子得听父母的话。
   Háizi děi tīng fùmǔ de huà.

3 不堵车的话开三、四十分钟就能到。
   Bù dǔchē dehuà kāi sān、sìshí fēnzhōng jiù néng dào.

4 那麻烦您快点儿吧。
   Nà máfan nín kuài diǎnr ba.

5 他跑步跑得不太快。
   Tā pǎobù pǎo de bú tài kuài.

6 你得好好儿学习。
   Nǐ děi hǎohāor xuéxí.

7 多听和多说很重要。
   Duō tīng hé duō shuō hěn zhòngyào.

8 别忘了带护照。
   Bié wàngle dài hùzhào.

9 最近过得怎么样?
   Zuìjìn guò de zěnmeyàng?

10 我坐了五个小时的火车。
   Wǒ zuòle wǔ ge xiǎoshí de huǒchē.

11 只要好好儿准备,你就能考好。
   Zhǐyào hǎohāor zhǔnbèi, nǐ jiù néng kǎohǎo.

12 我差点儿忘了带伞。
   Wǒ chàdiǎnr wàngle dài sǎn.

13 学习汉语可以让人心情愉快。
   Xuéxí Hànyǔ kěyǐ ràng rén xīnqíng yúkuài.

14 空着手来就行,买什么礼物啊!
   Kōngzhe shǒu lái jiù xíng, mǎi shénme lǐwù a!

15 我们吃点儿蛋糕吧,怎么样?
   Wǒmen chī diǎnr dàngāo ba, zěnmeyàng?

16 哥哥正看书呢。
   Gēge zhèng kàn shū ne.

17 我怕你找不到我。
   Wǒ pà nǐ zhǎo bu dào wǒ.

18 你快把他送到医院去吧。
   Nǐ kuài bǎ tā sòngdào yīyuàn qù ba.

19 你别躺着看书。
   Nǐ bié tǎngzhe kàn shū.

20 我从来没去过日本。
   Wǒ cónglái méi qùguo Rìběn.

当然	dāngrán	40(02), 48(03)
到	dào	49(03), 62(04)
地	de	154(10)
的话	dehuà	34(02)
得	děi	98(06), 112(07)
灯	dēng	141(09)
登机	dēngjī	20(01)
登机牌	dēngjīpái	20(01)
等	děng	21(01), 34(02)
的士	díshì	169(복습2)
递	dì	154(10)
地方	dìfang	141(09)
电话	diànhuà	36(02)
电脑	diànnǎo	25(01)
电视	diànshì	65(04)
掉头	diàotóu	98(06)
定	dìng	62(04)
丢	diū	131(08)
懂	dǒng	49(03), 76(05)
东西	dōngxi	53(03)
堵	dǔ	98(06)
度过	dùguò	169(복습2)
肚子	dùzi	82(05)
短信	duǎnxìn	39(02)
对面	duìmiàn	98(06)

E

而且	érqiě	126(08)

F

发	fā	39(02)
发烧	fāshāo	76(05)
发现	fāxiàn	169(복습2)
法语	Fǎyǔ	67(04)
方便	fāngbiàn	62(04)
房子	fángzi	141(09)

放	fàng	20(01)
飞机	fēijī	20(01)
分钟	fēnzhōng	98(06)
福气	fúqì	143(09)
服务	fúwù	154(10)
父母	fùmǔ	103(06)
复习	fùxí	112(07)

G

改天	gǎitiān	126(08)
干净	gānjìng	49(03)
感动	gǎndòng	145(09)
感冒	gǎnmào	76(05)
刚刚	gānggāng	154(10)
高铁	gāotiě	62(04)
告诉	gàosu	64(04), 98(06)
给	gěi	34(02)
跟	gēn	39(02)
更	gèng	98(06)
公司	gōngsī	81(05)
狗	gǒu	168(복습2)
怪不得	guàibude	126(08)
关	guān	81(05)
广告	guǎnggào	155(10)
过	guò	81(05), 98(06), 126(08)
过年	guònián	81(05)
过	guo	62(04)

H

孩子	háizi	103(06)
海边(儿)	hǎibiān(r)	81(05)
韩元	hányuán	156(10)
汉语	Hànyǔ	112(07)
好好儿	hǎohāor	112(07)
好像	hǎoxiàng	76(05)
好主意	hǎo zhǔyi	126(08)

好转	hǎozhuǎn	76(05)
盒	hé	140(09)
合适	héshì	34(02)
厚	hòu	91(복습1)
后	hòu	34(02)
护照	hùzhào	20(01)
花	huā	140(09)
话	huà	23(01)
环	huán	98(06)
还	huán	159(10)
换	huàn	20(01)
会	huì	35(02)
回去	huíqù	79(05)

J

加油	jiāyóu	112(07)
坚持	jiānchí	126(08)
件	jiàn	20(01)
教养	jiàoyǎng	143(09)
结束	jiéshù	62(04)
解决	jiějué	159(10)
借	jiè	154(10)
借记卡	jièjìkǎ	48(03)
借期	jièqī	154(10)
几乎	jīhū	112(07)
机会	jīhuì	23(01)
机票	jīpiào	62(04)
急事	jíshì	98(06)
近	jìn	79(05)
进	jìn	126(08)
进步	jìnbù	169(복습2)
精神	jīngshen	126(08)
警察	jǐngchá	98(06)
酒	jiǔ	145(09)
就	jiù	126(08)
句	jù	70(04)

K

卡	kǎ	48(03)
开	kāi	48,141(03,09)
开会	kāihuì	145(09)
开始	kāishǐ	126(08)
看上去	kàn shàngqù	126(08)
看中	kànzhòng	91(복습1)
考上	kǎoshàng	145(09)
考试	kǎoshì	62(04)
烤鸭	kǎoyā	51(03)
靠	kào	20(01)
可是	kěshì	76(05)
克服	kèfú	114(07)
课文	kèwén	65(04)
可惜	kěxī	154(10)
空	kōng	140(09)
口福	kǒufú	140(09)
哭	kū	129(08)
苦	kǔ	39(02)
快……了	kuài……le	76(05)
困难	kùnnan	114(07)

L

辣	là	40(02)
来不及	láibují	76(05)
来得及	láidejí	76(05)
老人	lǎorén	37(02)
冷	lěng	140(09)
离	lí	76(05)
礼物	lǐwù	140(09)
俩	liǎ	64(04)
脸色	liǎnsè	76(05)
辆	liàng	169(복습2)
聊天(儿)	liáotiān(r)	157(10)
留学	liúxué	91(복습1)
楼	lóu	154(10)
路	lù	98(06)

小心	xiǎoxīn	103(06)
笑	xiào	141(09)
写	xiě	154(10)
希望	xīwàng	140(09)
新款	xīnkuǎn	34(02)
心情	xīnqíng	140(09)
心意	xīnyì	140(09)
信用卡	xìnyòngkǎ	48(03)
行李	xíngli	20(01)
学期	xuéqī	169(복습2)
学问	xuéwen	143(09)
学习	xuéxí	112(07)
需要	xūyào	48(03)

Y

眼睛	yǎnjing	90(복습1)
颜色	yánsè	37(02)
严重	yánzhòng	76(05)
养	yǎng	140(09)
邀请	yāoqǐng	169(복습2)
药	yào	76(05)
要不然(=要不)	yàoburán(=yàobù)	99(06)
要是	yàoshi	35(02)
衣服	yīfu	34(02)
医生	yīshēng	90(복습1)
医院	yīyuàn	76(05)
一定	yídìng	112(07)
以后	yǐhòu	62(04)
以前	yǐqián	62(04)
椅子	yǐzi	100(06)
(一)点儿	yìdiǎnr	76(05)
一些	yìxiē	129(08)
一言为定	yìyán-wéidìng	126(08)
意思	yìsi	112(07)
意义	yìyì	169(복습2)
因为	yīnwèi	140(09)
音乐	yīnyuè	141(09)
银行	yínháng	48(03)

硬币	yìngbì	54(03)
游戏	yóuxì	143(09)
游泳	yóuyǒng	126(08)
有点儿	yǒudiǎnr	34(02)
有意思	yǒu yìsi	21(01)
有志者，事竟成	yǒu zhì zhě, shì jìng chéng	112(07)
鱼	yú	168(복습2)
愉快	yúkuài	140(09)
预约	yùyuē	154(10)
原来	yuánlái	169(복습2)
远	yuǎn	65(04), 76(05)
运动	yùndòng	126(08)

Z

杂志	zázhì	159(10)
在	zài	146(09)
早	zǎo	78(05)
站	zhàn	98(06)
张	zhāng	48(03)
账户	zhànghù	48(03)
着	zháo	49(03)
着急	zháojí	98(06)
找	zhǎo	77(05), 154(10)
照片	zhàopiàn	39(02)
这么	zhème	62(04)
着	zhe	98(06)
正	zhèng	34(02), 140(09)
正……呢	zhèng……ne	140(09)
正在	zhèngzài	146(09)
知道	zhīdào	112(07)
只	zhǐ	20(01)
只好	zhǐhǎo	98(06)
只要…	zhǐyào…	112(07)
只要……就……	zhǐyào……jiù……	112(07)
纸	zhǐ	141(09)
纸币	zhǐbì	54(03)
志向	zhìxiàng	112(07)
中号	zhōnghào	34(02)

MEMO

MEMO

중국어뱅크 | 한국인의 한국인에 의한 한국인을 위한 중국어 회화 시리즈

THE GOD OF CHINESE

중국어의 신

워크북 홀수

STEP 2

동양북스

说 말하기

1. 다음 문장을 중국어로 말해 보세요.

   (1) 여권 좀 보여 주세요.

   (2) 저는 부칠 짐이 하나 있어요.

   (3) 10시 표는 이미 없어요.

   (4) 그럼 편한 대로 주세요.

2. 다음 대화에 어울리는 내용을 중국어로 말해 보세요.

   (1) A: 您去哪儿?

      B: _____

   (2) A: 能给我一杯水吗?

      B: _____

   (3) A: 一起去咖啡厅吧。

      B: 对不起, _____

   (4) A: _____

      B: 我托运了两件行李。

3. 다음 그림의 상황에 알맞게 대화를 만들어 보세요.

   (1)

   A: _____

   B: _____

   A: _____

   B: _____

(2)

A : _____

B : _____

A : _____

B : _____

4. 본문의 내용을 생각하며 다음 질문에 답해 보세요.

(1) 韩雨真要去哪儿?

(2) 韩雨真要坐靠走廊﹡的座位吗?

(3) 韩雨真有行李吗?

(4) 韩雨真换了登机牌以后做什么了?

🔍 走廊 zǒuláng 명 복도

5. 다음 제시어를 이용하여 중국어로 이야기를 만들어 말해 보세요.

제시어

12시, 비행기, 상하이, 복도 쪽 좌석, 짐

_____

_____

_____

_____

_____

写 쓰기

1. 다음 단어의 중국어와 한어병음을 쓰세요.

(1) 여권   C_____   P_____   (2) 짐, 수하물   C_____   P_____

(3) 좌석, 자리 C_____   P_____   (4) 마음대로 하다 C_____   P_____

(5) 탁송하다 C_____   P_____   (6) 탑승권   C_____   P_____

(7) 놓다, 두다 C_____   P_____   (8) 준비하다   C_____   P_____

2. 다음 빈칸에 알맞은 단어를 쓰세요.

(1) 看一下您的_____^{dēngjīpái}。

(1) 看一下您的_____。 *(dēngjīpái)*

(2) 靠窗的_____已经没有了。 *(zuòwèi)*

(3) 我有一件小_____。 *(xíngli)*

(4) 那您_____给吧。 *(suíbiàn)*

3. 다음 제시된 중국어를 재배열하여 문장을 완성하세요.

(1) 来 / 车 / 了 / 已经   ▶_____

(2) 去 / 我 / 时间 / 没有   ▶_____

(3) 一下 / 护照 / 的 / 看 / 您   ▶_____

(4) 两件 / 托运 / 要 / 行李 / 这   ▶_____

4. 주어진 문장을 모방하여 제시된 한국어의 의미에 맞게 중국어로 쓰세요.

(1) <u>我有</u>两件大行李要托运。

▶ 오늘 나는 해야 할 숙제가 많아.

ⓒ _____

(2) <u>能不能</u>换一下座位?

▶ 당신의 노트북* 좀 쓸 수 있을까요?

🔑 笔记本电脑 bǐjìběn diànnǎo 圓 노트북 컴퓨터

ⓒ _____

(3) 不好意思，靠窗的座位<u>已经</u>没有<u>了</u>。

▶ 죄송합니다만 오후 표는 이미 없습니다.

ⓒ _____

(4) 你托运<u>了几件</u>行李?

▶ 너 커피 몇 잔 샀어?

ⓒ _____

5. 제시된 단어를 포함하여 그림의 상황에 알맞은 문장을 만들어 보세요.

(1) 　　(2) 　　(3) 　　(4)

제시어 ▶ 座位　　제시어 ▶ 已经　　제시어 ▶ 托运　　제시어 ▶ 随便

_____　_____　_____　_____

01 | 看一下您的护照

读 읽기

1. 다음 문장을 소리 내어 읽어 보세요.

(1) 能用一下你的电脑吗?

(2) 靠窗的座位已经没有了。

(3) 我有两件行李要托运。

(4) 这是您的登机牌。

2. 빈칸에 들어갈 알맞은 단어를 보기에서 고르세요.

보기

Ⓐ 一下　Ⓑ 能　Ⓒ 只有　Ⓓ 不过

(1) 她＿＿＿＿＿说一点儿＊汉语。

(2) 我＿＿＿＿＿一件行李要托运。

(3) 我想要靠窗的座位，＿＿＿＿＿已经没有了。

(4) 可以换＿＿＿＿＿座位吗?

🔎 一点儿 yìdiǎnr 조금

3. 제시된 단어의 알맞은 위치를 고르세요.

(1) 有　　你Ⓐ几件Ⓑ行李Ⓒ要Ⓓ托运?

(2) 已经　　我们Ⓐ没有Ⓑ机会Ⓒ跟她Ⓓ见面了。

(3) 然后　　Ⓐ我托运了Ⓑ一件行李，Ⓒ换了Ⓓ登机牌。

(4) 要　　韩雨真Ⓐ坐Ⓑ上午十点的Ⓒ飞机Ⓓ去北京。

4. 아래 질문의 대답으로 알맞은 것을 보기에서 고르세요.

보기

Ⓐ 明天下午三点半的。　　Ⓑ 明天我不能去学校。

Ⓒ 没有，这个星期我都很忙。　　Ⓓ 我们明天上午十点从*学校出发。

Ⓔ 不好意思，这本书不是我的。　　Ⓕ 下个星期一有考试，我打算去图书馆学习。

(1) 这个星期六你打算做什么？（　　）　　(2) 你买了几点的飞机票？（　　）

(3) 我能不能看一下这本书？（　　）　　(4) 你们明天什么时候*出发？（　　）

从 cóng 젠 ～에서, ～부터 | 什么时候 shénme shíhou 언제

5. 다음 글을 읽고 질문에 답하세요.

今天，韩雨真和她妹妹要坐上午十一点的飞机去北京。她妹妹第一次坐飞机去北京，所以很高兴。早上八点她们从家里出发，不过她们发现*她妹妹没带护照，所以她们回家拿*了护照，然后去了机场*。她们想挨*着*坐，但是挨着的座位已经没有了。所以她们只好*一个人坐靠窗的座位，一个人坐靠走廊的座位。她们托运了一件行李，换了登机牌，然后准备登机。

发现 fāxiàn 동 발견하다 | 拿 ná 동 잡다, 가지다 | 机场 jīchǎng 명 공항 | 挨 āi 동 가까이 가다, 기대다 | 着 zhe 조 ～하고 있다, ～한 채로 있다, ～한 채로 | 只好 zhǐhǎo 부 어쩔 수 없이

(1) 한우진과 여동생은 몇 시 비행기를 타려고 하나요?

Ⓐ 早上八点　　Ⓑ 上午十一点　　Ⓒ 下午十点　　Ⓓ 不知道

(2) 한우진의 여동생에 관하여 옳지 않은 것은 무엇인가요?

Ⓐ 今天她去北京　　Ⓑ 她第一次坐飞机去北京

Ⓒ 她不想去北京　　Ⓓ 她回家拿了护照

(3) 한우진과 여동생은 왜 집으로 돌아갔나요?

Ⓐ 韩雨真不想去北京　　Ⓑ 韩雨真的妹妹很不高兴

Ⓒ 没有挨着的座位　　Ⓓ 韩雨真的妹妹没带护照

(4) 한우진과 여동생의 좌석은 어떠한가요?

Ⓐ 她们俩*不能挨着坐　　Ⓑ 她们都坐靠窗的座位

Ⓒ 她们俩能坐在一起　　Ⓓ 她们都坐靠走廊的座位

俩 liǎ 두 사람

听 듣기

1. 녹음을 듣고 알맞은 중국어 단어를 쓰세요.　　　　　　　　　　　MP3 w01-01

(1) _____　　　　(2) _____

(3) _____　　　　(4) _____

2. 녹음을 듣고 빈칸에 알맞은 내용을 쓰세요.　　　　　　　　　　　MP3 w01-02

　　　今天，韩雨真要坐 (1)_____的飞机去北京。她想坐 (2)_____的座位，不

过已经没有了。她托运了一件行李，换了 (3)_____，然后 (4)_____。

3. 녹음의 질문을 듣고 대답으로 가장 알맞은 것을 고르세요.　　　　MP3 w01-03

(1) Ⓐ 对，只有一件　　　　Ⓑ 没有护照
　　Ⓒ 不要托运　　　　　　Ⓓ 我不去

(2) Ⓐ 他不是我哥哥　　　　Ⓑ 他是小学生
　　Ⓒ 是啊，大学三年级了　Ⓓ 还没工作呢

(3) Ⓐ 没问题　　　　　　　Ⓑ 我喜欢看书
　　Ⓒ 我不看书　　　　　　Ⓓ 我能看书

(4) Ⓐ 她不去　　　　　　　Ⓑ 他没有行李要托运
　　Ⓒ 她想去买票　　　　　Ⓓ 她准备登机

4. 녹음의 대화를 듣고 다음 문장이 맞으면 ○, 틀리면 X를 표시하세요.   🎧 MP3 **w01-04**

(1) 他们想换座位。 ( )

(2) 女的有两件行李要托运。 ( )

(3) 孩子*现在不能用妈妈的电脑。 ( )   👤孩子 háizi 圐 아이, 자녀 | 小时 xiǎoshí 圐 시간

(4) 这个星期天他们打算一起去爬山*。 ( )   👤跟 gēn 젠 ~와 | 爬山 páshān 圐 등산하다

5. 녹음의 대화를 듣고 다음 질문에 알맞은 답을 고르세요.   🎧 MP3 **w01-05**

(1) 问：他们在哪儿对话*？
Ⓐ 银行　　　　　　　　　　Ⓑ 学校
Ⓒ 餐厅　　　　　　　　　　Ⓓ 书店   👤对话 duìhuà 圐圐 대화(하다)

(2) 问：男的今天为什么不能跟小林一起去看电影？
Ⓐ 他有很多衣服要洗*　　　Ⓑ 他有很多书要看   👤洗 xǐ 圐 씻다
Ⓒ 他有很多作业要做　　　Ⓓ 他有很多行李要托运

(3) 问：女的为什么说"太好了"？
Ⓐ 那儿有很多座位　　　　Ⓑ 他们可以挨着坐
Ⓒ 他们不能换座位　　　　Ⓓ 现在没有座位

(4) 问：女的为什么要买下个星期六的票？
Ⓐ 她下个星期六很忙　　　Ⓑ 今天下午的票已经没有了
Ⓒ 只有明天下午的票　　　Ⓓ 她今天下午不想去

说 말하기

1. 다음 문장을 중국어로 말해 보세요.

(1) 저에게 신분증 좀 보여 주세요.

(2) 이 표 좀 작성해 주세요.

(3) 비밀번호를 두 번 눌러 주세요.

(4) 계좌를 개설하려면 여권을 제시해야 해요.

2. 다음 대화에 어울리는 내용을 중국어로 말해 보세요.

(1) A : 需要我给他打电话吗？

　　B : ＿＿＿＿＿＿＿＿＿＿＿＿＿，我已经告诉*他了。　　♀ 告诉 gàosu 图 알리다, 말하다

(2) A : 我的话说完了。还有什么问题吗？

　　B : ＿＿＿＿＿＿＿＿＿＿＿＿＿

(3) A : ＿＿＿＿＿＿＿＿＿＿＿＿＿

　　B : 我想喝咖啡。

(4) A : ＿＿＿＿＿＿＿＿＿＿＿＿＿

　　B : 我们都准备好了。

3. 다음 그림의 상황에 알맞게 대화를 만들어 보세요.

(1)

계좌

A : ＿＿＿＿＿＿＿＿＿＿＿

B : ＿＿＿＿＿＿＿＿＿＿＿

A : ＿＿＿＿＿＿＿＿＿＿＿

B : ＿＿＿＿＿＿＿＿＿＿＿

(2)

A : _____

B : _____

A : _____

B : _____

4. 본문의 내용을 생각하며 다음 질문에 답해 보세요.

(1) 韩雨真去银行做什么？

(2) 韩雨真有身份证吗？

(3) 韩雨真要办什么卡？

(4) 办借记卡需要按几次密码？

5. 다음 제시어를 이용하여 중국어로 이야기를 만들어 말해 보세요.

제시어

도서관, 책, 빌리다, 카드, 학생증*

學生证 xuéshēngzhèng 몡 학생증

_____

_____

_____

_____

_____

写 쓰기

1. 다음 단어의 중국어와 한어병음을 쓰세요.

(1) 계좌 ⓒ_____ ⓟ_____ (2) 신분증 ⓒ_____ ⓟ_____

(3) 기입하다, 써넣다 ⓒ_____ ⓟ_____ (4) 체크카드 ⓒ_____ ⓟ_____

(5) 필요하다 ⓒ_____ ⓟ_____ (6) 누르다 ⓒ_____ ⓟ_____

(7) 비밀번호 ⓒ_____ ⓟ_____ (8) 제시하다 ⓒ_____ ⓟ_____

2. 다음 빈칸에 알맞은 단어를 쓰세요.

(1) 开账户_____xūyào_____出示护照。

(2) 这本书我已经看_____wán_____了。

(3) 您想办信用卡_____háishi_____借记卡?

(4) 按两次_____mìmǎ_____就行。

3. 다음 제시된 중국어를 재배열하여 문장을 완성하세요.

(1) 想 / 账户 / 开 / 我 / 个　　▶_____

(2) 已经 / 我 / 饱 / 吃 / 了　　▶_____

(3) 了 / 礼物 / 什么 / 吗 / 准备 / 你　　▶_____

(4) 还 / 填 / 您 / 张 / 需要 / 这 / 表 / 一下　　▶_____

4. 주어진 문장을 모방하여 제시된 한국어의 의미에 맞게 중국어로 쓰세요.

(1) 这几个菜他都吃完了。
   ▶ 이 책 나는 이미 다 봤어.

   Ⓒ _____

(2) 你不用给我买礼物。
   ▶ 너 그 사람에게 전화 걸 필요 없어.

   Ⓒ _____

(3) 请按两次密码。
   ▶ 나는 매*주 도서관에 세 번 간다.

   　　　　　　　　　　　　　　　　　　　　　　　　　　🔑 每 měi 대 매

   Ⓒ _____

(4) 你喜欢喝咖啡还是喝茶?
   ▶ 카드를 만들려면 학생증이 필요합니까, 아니면 신분증이 필요합니까?

   Ⓒ _____

5. 제시된 단어를 포함하여 그림의 상황에 알맞은 문장을 만들어 보세요.

(1) 제시어 ▶ 懂

(2) 제시어 ▶ 不用

(3) 제시어 ▶ 买好

(4) 제시어 ▶ 出示

_____ _____ _____ _____

03 | 我想开个账户

读 읽기

1. 다음 문장을 소리 내어 읽어 보세요.

(1) 你有什么事儿吗?

(2) 请按两次你的密码。

(3) 给我看一下你的身份证。

(4) 开账户需要出示护照，还要填一张表。

2. 빈칸에 들어갈 알맞은 단어를 보기에서 고르세요.

보기

 Ⓐ 需要 Ⓑ 不用 Ⓒ 账户 Ⓓ 什么

(1) 你准备了_____礼物吗?

(2) 我想开一个_____。

(3) 办信用卡还_____填什么表吗?

(4) 他已经知道了，_____给他打电话。

3. 제시된 단어의 알맞은 위치를 고르세요.

(1) 懂   那个Ⓐ孩子Ⓑ听Ⓒ了Ⓓ。

(2) 洗   Ⓐ你的衣服Ⓑ已经Ⓒ好Ⓓ了。

(3) 也   Ⓐ没有Ⓑ身份证的话，Ⓒ出示护照Ⓓ可以。

(4) 还是 你Ⓐ要Ⓑ办Ⓒ信用卡Ⓓ借记卡?

4. 아래 질문의 대답으로 알맞은 것을 보기에서 고르세요.

보기

Ⓐ 给我看一下您的护照。 Ⓑ 好，随你的便吧。

Ⓒ 我要喝咖啡，请不要加糖。 Ⓓ 有，就在学校东门附近。 ✎东门 dōngmén 동문

Ⓔ 当然可以。你还需要什么吗? Ⓕ 准备好了，快来吃吧。

(1) 你要喝咖啡还是喝茶? ( )　　(2) 妈，晚饭准备好了吗? ( )

(3) 能给我一杯美式咖啡吗? ( )　　(4) 附近有银行吗? ( )

5. 다음 글을 읽고 질문에 답하세요.

韩雨真想办一张信用卡，所以先去银行开了个账户。开账户需要出示身份证，但是她没有中国的身份证。工作人员说护照也可以。韩雨真出示了护照，然后填了一张表。开完账户后，她问工作人员可不可以办信用卡。工作人员说，外国人办信用卡有点儿麻烦，不过办借记卡很容易。所以她决定办一张借记卡。办借记卡需要填一张表，按两次密码。 ✎外国人 wàiguórén 외국인 | 麻烦 máfan 번거롭다

(1) 한우진은 왜 은행에 갔나요?

　Ⓐ 她想办一张信用卡　　　　Ⓑ 因为她现在没有钱

　Ⓒ 她想去银行见朋友　　　　Ⓓ 她想换钱

(2) 한우진은 왜 신용카드를 만들지 않았나요?

　Ⓐ 因为外国人办信用卡不容易　Ⓑ 因为她没开账户

　Ⓒ 因为她没有中国的身份证　　Ⓓ 因为她没带护照

(3) 다음 중 한우진이 은행에서 하지 않은 일은 무엇인가요?

　Ⓐ 开账户　　　　　　　　　Ⓑ 办借记卡

　Ⓒ 出示中国的身份证　　　　Ⓓ 填表

(4) 다음 중 위 내용과 일치하지 않는 것은 무엇인가요?

　Ⓐ 韩雨真办了一张借记卡　　Ⓑ 办借记卡需要按两次密码

　Ⓒ 开账户需要出示身份证　　Ⓓ 韩雨真的信用卡已经办好了

听 듣기

1. 녹음을 듣고 알맞은 중국어 단어를 쓰세요. 🎧 MP3 w03-01

(1) _____   (2) _____

(3) _____   (4) _____

2. 녹음을 듣고 빈칸에 알맞은 내용을 쓰세요. 🎧 MP3 w03-02

今天韩雨真去银行开了个账户，还 (1)_____了一张借记卡。开账户需要

(2)_____护照，还要 (3)_____一张表；办借记卡 (4)_____填表，需要

按两次密码。工作人员很快就给她办好了。

3. 녹음의 질문을 듣고 대답으로 가장 알맞은 것을 고르세요. 🎧 MP3 w03-03

(1) Ⓐ 这是我的身份证   Ⓑ 我也要办

      Ⓒ 请填一下这张表   Ⓓ 我也不知道

(2) Ⓐ 给您   Ⓑ 我是韩国人

      Ⓒ 密码不对   Ⓓ 我不看

(3) Ⓐ 已经做完了   Ⓑ 这是今天的作业

      Ⓒ 今天的作业不多   Ⓓ 昨天没有作业

(4) Ⓐ 他不去银行   Ⓑ 先去银行吧

      Ⓒ 我去那儿   Ⓓ 你先去吧

4. 녹음의 대화를 듣고 다음 문장이 맞으면 ○, 틀리면 X를 표시하세요.

MP3 w03-04

(1) 男的还需要填一张表。　　（　　）

(2) 男的打算去上海见朋友。　　（　　）

号码 hàomǎ 명 번호

(3) 女的没按密码。　　（　　）

(4) 男的想去拿护照。　　（　　）

5. 녹음의 대화를 듣고 다음 질문에 알맞은 답을 고르세요.

MP3 w03-05

(1) 问：女的准备好了吗？

Ⓐ 准备好了　　　　　　　　　Ⓑ 她不想去

Ⓒ 她已经出发了　　　　　　　Ⓓ 她要准备行李

(2) 问：女的为什么说"对不起"？

Ⓐ 她是外国人　　　　　　　　Ⓑ 她不想给男的看护照

Ⓒ 她没带护照　　　　　　　　Ⓓ 她只有护照

(3) 问：哥哥想买什么？

Ⓐ 书店　　　　　　　　　　　Ⓑ 不想买什么

Ⓒ 英语书　　　　　　　　　　Ⓓ 汉语书

(4) 问：女的为什么不想去公园散步？

Ⓐ 她想学习　　　　　　　　　Ⓑ 她很忙

Ⓒ 天气太热　　　　　　　　　Ⓓ 她不想休息

说 말하기

1. 다음 문장을 중국어로 말해 보세요.

(1) 열이 좀 나는 것 같고, 머리도 아파요.

(2) 내가 너 데리고 함께 가 줄까?

(3) 아무래도 집에 돌아가서 밥을 먹는 게 비교적 좋을 것 같아.

(4) 우리 집은 학교에서 그다지 멀지 않아.

2. 다음 대화에 어울리는 내용을 중국어로 말해 보세요.

(1) A：哥哥起床了没有?

B：＿＿＿＿＿＿＿＿＿＿＿＿＿＿＿

(2) A：你听得懂上海话吗?

B：＿＿＿＿＿＿＿＿＿＿＿＿＿＿＿

(3) A：＿＿＿＿＿＿＿＿＿＿＿＿＿＿＿

B：离这儿很远。

(4) A：＿＿＿＿＿＿＿＿＿＿＿＿＿＿＿

B：我有点儿发烧，想在家休息。

3. 다음 그림의 상황에 알맞게 대화를 만들어 보세요.

(1)

A：＿＿＿＿＿＿＿＿＿＿＿＿＿＿＿

B：＿＿＿＿＿＿＿＿＿＿＿＿＿＿＿

A：＿＿＿＿＿＿＿＿＿＿＿＿＿＿＿

B：＿＿＿＿＿＿＿＿＿＿＿＿＿＿＿

(2)

A: _____

B: _____

A: _____

B: _____

4. 본문의 내용을 생각하며 다음 질문에 답해 보세요.

(1) 韩雨真哪儿不舒服?

(2) 韩雨真吃药了吗?

(3) 王平为什么陪韩雨真去医院?

(4) 他们为什么要打的去呢?

5. 다음 제시어를 이용하여 중국어로 이야기를 만들어 말해 보세요.

제시어

배, 아프다, 물, 휴식하다, 심하다

_____

_____

_____

_____

_____

写 쓰기

1. 다음 단어의 중국어와 한어병음을 쓰세요.

(1) 안색   Ⓒ_____ Ⓟ_____   (2) 편안하다 Ⓒ_____ Ⓟ_____

(3) 마치 ~인 것 같다 Ⓒ_____ Ⓟ_____   (4) 열나다   Ⓒ_____ Ⓟ_____

(5) 심각하다   Ⓒ_____ Ⓟ_____   (6) 동반하다 Ⓒ_____ Ⓟ_____

(7) 늦지 않다   Ⓒ_____ Ⓟ_____   (8) 기숙사   Ⓒ_____ Ⓟ_____

2. 다음 빈칸에 들어갈 알맞은 단어를 쓰세요.

(1) 你的 ______{liǎnsè}_____ 不太好，怎么了，哪儿不舒服吗？

(2) 她怕 ______{láibují}_____ ，所以打的去了学校。

(3) 他说的英语你 ______{tīng de dǒng}_____ 吗？

(4) 我 ______{hǎoxiàng}_____ 在哪儿见过她。

3. 다음 제시된 중국어를 재배열하여 문장을 완성하세요.

(1) 我 / 不 / 身体 / 今天 / 舒服   ▶ _____

(2) 医院 / 了 / 我们 / 去 / 打的   ▶ _____

(3) 有点儿 / 他 / 高兴 / 不 / 好像   ▶ _____

(4) 昨天 / 发烧 / 我 / 开始 / 从 / 的   ▶ _____

4. 주어진 문장을 모방하여 제시된 한국어의 의미에 맞게 중국어로 쓰세요.

(1) 这本书你看得懂看不懂?
   ▶ 넌 선생님께서 하시는 말씀을 알아듣니, 못 알아듣니?

   ⓒ _____

(2) 快七点了，我们吃了饭再回家吧!
   ▶ 여섯 시가 다 되었어. 너희들 밥 먹고 학교에 가!

   ⓒ _____

(3) 离考试还有三个星期。
   ▶ 춘제*까지는 아직 한 달 남았다.

   ♟ 春节 Chūnjié 뗑 춘제[음력 설]

   ⓒ _____

(4) 你脸色不好，快点儿去医院吧。
   ▶ 너 9시에 수업 있으니까, 좀 일찍 학교에 가.

   ⓒ _____

5. 제시된 단어를 포함하여 그림의 상황에 알맞은 문장을 만들어 보세요.

(1) 제시어 ▶ 舒服

(2) 제시어 ▶ 感冒

(3) 제시어 ▶ 看懂

(4) 제시어 ▶ 来得及

_____   _____   _____   _____

读 읽기

1. 다음 문장을 소리 내어 읽어 보세요.

(1) 你能陪我一起去医院吗？

(2) 你怎么了？哪儿不舒服吗？

(3) 老师说的话，你都听得懂吗？

(4) 医院离这儿不太远，打的去来得及。

2. 빈칸에 들어갈 알맞은 단어를 보기에서 고르세요.

보기

Ⓐ 来得及　Ⓑ 用　Ⓒ 怕　Ⓓ 严重

(1) 已经看了，可是没什么_____。

(2) 现在去还_____。

(3) 昨天吃了药，今天好像更_____了。

(4) 韩雨真_____来不及，所以打的去了医院。

3. 제시된 단어의 알맞은 위치를 고르세요.

(1) 就　　　下个 Ⓐ 星期三 Ⓑ 要 Ⓒ 考试 Ⓓ 了。

(2) 离　　　Ⓐ 图书馆 Ⓑ 宿舍 Ⓒ 不太远，可以 Ⓓ 走着去。

(3) 好像　　她 Ⓐ 有点儿 Ⓑ 不高兴，你 Ⓒ 知道 Ⓓ 为什么吗？

(4) 陪　　　你能 Ⓐ 我 Ⓑ 一起去 Ⓒ 逛 Ⓓ 商店吗？

4. 아래 질문의 대답으로 알맞은 것을 보기에서 고르세요.

보기

Ⓐ 这本书太难，我一点儿也看不懂。　Ⓑ 我怕来不及。
Ⓒ 头有点儿疼，好像感冒了。　Ⓓ 还没有。作业太多了，今天晚上做不完。
Ⓔ 我们都听得懂。　Ⓕ 我从昨天晚上开始发烧的。

⑴ 你怎么了？哪儿不舒服吗？ （　）　⑵ 作业做完了没有？ （　）

⑶ 这本书你看得懂看不懂？ （　）　⑷ 你从什么时候开始发烧的？ （　）

5. 다음 글을 읽고 질문에 답하세요.

　　韩雨真是从昨天晚上开始发烧的，今天早上更严重了。头疼，嗓子＊也疼，好像感冒了。她去药店＊买了点儿药，可是吃了药也没有好转。她的同学小林想陪她去医院看看。可是今天是星期六，她怕医院不开门，所以先打了个电话。护士＊告诉她，星期六医生一般＊下午四点下班。所以她们一起打的去了医院。

♀ 嗓子 sǎngzi 몡 목구멍｜药店 yàodiàn 몡 약국｜护士 hùshi 몡 간호사｜一般 yìbān 혱 일반적이다

⑴ 다음 중 한우진의 증상이 아닌 것은 무엇인가요?

Ⓐ 嗓子疼　　Ⓑ 发烧　　Ⓒ 肚子疼　　Ⓓ 头疼

⑵ 약을 복용한 이후에 한우진의 증상은 어떻게 되었나요?

Ⓐ 感冒好了　　Ⓑ 没什么用　　Ⓒ 感冒更严重了　　Ⓓ 不知道

⑶ 한우진은 왜 병원에 전화를 걸었나요?

Ⓐ 她的感冒太严重　　Ⓑ 她不知道吃什么药

Ⓒ 她怕星期六医院不开门　　Ⓓ 她不知道医院在哪儿

⑷ 다음 중 위 내용과 일치하는 것은 무엇인가요?

Ⓐ 韩雨真从昨天晚上开始不舒服的　　Ⓑ 星期六医生不工作

Ⓒ 王平去药店买了点儿药　　Ⓓ 韩雨真一个人去了医院

听 듣기

1. 녹음을 듣고 알맞은 중국어 단어를 쓰세요. 🎧 MP3 w05-01

   (1) _____   (2) _____

   (3) _____   (4) _____

2. 녹음을 듣고 빈칸에 알맞은 내용을 쓰세요. 🎧 MP3 w05-02

   昨天，我(1)_____疼，还有点儿(2)_____，好像感冒了。吃了药也没有好转，所以我的朋友小王说(3)_____我一起去医院。医院离宿舍不太远，但是快四点了，我怕(4)_____，所以我们打的去了医院。

3. 녹음의 질문을 듣고 대답으로 가장 알맞은 것을 고르세요. 🎧 MP3 w05-03

   (1) Ⓐ 从昨天晚上开始发烧的   Ⓑ 现在不发烧了
        Ⓒ 从今天早上开始头也很疼   Ⓓ 我不想去医院

   (2) Ⓐ 我看懂了   Ⓑ 听不懂
        Ⓒ 我没听   Ⓓ 他没说话

   (3) Ⓐ 十点出发吧   Ⓑ 我们现在去吧
        Ⓒ 打的去的话，来得及   Ⓓ 他已经走了

   (4) Ⓐ 还没下课   Ⓑ 快上课了
        Ⓒ 还有十分钟   Ⓓ 开始上课吧

4. 녹음의 대화를 듣고 다음 문장이 맞으면 ○, 틀리면 X를 표시하세요. 🎧 MP3 w05-04

(1) 小林的家离学校很远。 ( )

(2) 女的打算这个星期回国*。 ( )

(3) 王平的感冒好像是从昨天晚上开始的。 ( )

(4) 妈妈让她打的去学校。 ( )

🔑 回国 huíguó 圐 귀국하다

5. 녹음의 대화를 듣고 다음 질문에 알맞은 답을 고르세요. 🎧 MP3 w05-05

(1) 问：离考试还有多长时间？

Ⓐ 三天 Ⓑ 两天 Ⓒ 一个星期 Ⓓ 两个星期

(2) 问：男的为什么陪女的一起去医院？

Ⓐ 他怕女的不知道怎么去医院 Ⓑ 他怕女的听不懂医生的话

Ⓒ 他怕医生不在医院 Ⓓ 女的不想一个人去

(3) 问：男的和女的今天可以看七点的电影吗？

Ⓐ 他们两个人都不可以 Ⓑ 他们两个人都可以

Ⓒ 女的可以，男的不可以 Ⓓ 男的可以，女的不可以

(4) 问：男的想不想去中国学习汉语？

Ⓐ 他很想去，可是他妈妈不让他去 Ⓑ 他不想去，可是他妈妈让他去

Ⓒ 他想去，可是没有时间 Ⓓ 他不想去，可是他妈妈很想去

07 │ 别忘了还要多听、多说

说 말하기

1. 다음 문장을 중국어로 말해 보세요.

(1) 요즘 어떻게 지내세요?

(2) 여권 챙기는 것 잊지 마세요.

(3) 천천히 드세요.

(4) 의지가 있으면 일은 반드시 이룰 수 있다.

2. 다음 대화에 어울리는 내용을 중국어로 말해 보세요.

(1) A：她跑得快不快?

   B：＿＿＿＿＿＿＿＿＿＿＿＿＿＿＿＿＿＿

(2) A：你好好儿准备考试吧。

   B：＿＿＿＿＿＿＿＿＿＿＿＿＿＿＿＿＿＿

(3) A：＿＿＿＿＿＿＿＿＿＿＿＿＿＿＿＿＿＿

   B：你别开玩笑*。我汉语说得不太好。

   ♀ 开玩笑 kāi wánxiào 농담을 하다

(4) A：明天跟我一起去爬山吗?

   B：只要＿＿＿＿＿＿＿＿＿＿＿＿＿＿＿＿。

3. 다음 그림의 상황에 알맞게 대화를 만들어 보세요.

(1)

   A：＿＿＿＿＿＿＿＿＿＿＿＿＿＿＿＿＿＿

   B：＿＿＿＿＿＿＿＿＿＿＿＿＿＿＿＿＿＿

   A：＿＿＿＿＿＿＿＿＿＿＿＿＿＿＿＿＿＿

   B：＿＿＿＿＿＿＿＿＿＿＿＿＿＿＿＿＿＿

(2)

A: _____

B: _____

A: _____

B: _____

4. 본문의 내용을 생각하며 다음 질문에 답해 보세요.

(1) 李世明这次考得怎么样?

(2) 李世明每天都学习多长时间?

(3) "有志者，事竟成"是什么意思?

(4) 老师还让李世明做什么?

5. 다음 제시어를 이용하여 중국어로 이야기를 만들어 말해 보세요.

제시어

일하다, 4시간, 공부하다, 1시간, 많이 듣고 많이 말하다

_____

_____

_____

_____

_____

写 쓰기

1. 다음 단어의 중국어와 한어병음을 쓰세요.

   (1) 복습하다   C＿＿＿＿＿   P＿＿＿＿＿   (2) 공부하다 C＿＿＿＿＿   P＿＿＿＿＿

   (3) 시간(시간 동안) C＿＿＿＿＿   P＿＿＿＿＿   (4) 알다   C＿＿＿＿＿   P＿＿＿＿＿

   (5) 뜻, 의미   C＿＿＿＿＿   P＿＿＿＿＿   (6) 의지   C＿＿＿＿＿   P＿＿＿＿＿

   (7) 성공하다   C＿＿＿＿＿   P＿＿＿＿＿   (8) 힘을 내다 C＿＿＿＿＿   P＿＿＿＿＿

2. 다음 제시된 중국어를 재배열하여 문장을 완성하세요.

   (1) 很 / 这次 / 得 / 考 / 不错 / 我弟弟   ▶＿＿＿＿＿＿＿＿＿＿＿＿＿＿＿

   (2) 为什么 / 我 / 知道 / 没 / 她 / 真 / 来 / 不   ▶＿＿＿＿＿＿＿＿＿＿＿＿＿＿＿

   (3) 多说 / 告诉 / 老师 / 重要 / 和 / 他 / 多听 / 很   ▶＿＿＿＿＿＿＿＿＿＿＿＿＿

   (4) 这 / 你 / 跟 / 件 / 老师 / 好好儿 / 得 / 商量 / 事   ▶＿＿＿＿＿＿＿＿＿＿＿＿＿

3. 주어진 문장을 모방하여 제시된 한국어의 의미에 맞게 중국어로 쓰세요.

   (1) 他写汉字写得很漂亮。
      ▶ 우리 아빠는 중국 음식을 잘 만드신다.

      C ＿＿＿＿＿＿＿＿＿＿＿＿＿＿＿＿＿＿＿＿＿＿＿＿＿＿＿＿＿＿

   (2) 你别出去，我马上就来。
      ▶ 너 들어가지 마. 안*에 사람 있어.

                                         里边 lǐbian 몡 안, 안쪽

      C ＿＿＿＿＿＿＿＿＿＿＿＿＿＿＿＿＿＿＿＿＿＿＿＿＿＿＿＿＿＿

(3) 几乎所有[*] 的人都看过这本书。

    ▸ 거의 모든 사람이 이 일을 알고 있다.

    🔑 所有 suǒyǒu 휑 모든

    Ⓒ _____

(4) 你哥哥英语说得怎么样?

    ▸ 네 남동생 축구 하는 거 어때?

    Ⓒ _____

4. 제시된 단어를 이용하여 보기와 같이 정도보어 문장을 만들고 뜻을 쓰세요.

보기

长 / 漂亮	긍정문: 他姐姐长得很漂亮。	그 사람의 누나는 예쁘게 생겼어.
	부정문: 他姐姐长得不太漂亮。	그 사람의 누나는 그리 예쁘지 않아.
	의문문: 他姐姐长得漂亮不漂亮?	그 사람의 누나는 예쁘니?

(1) **写 / 好**   긍정문: Ⓒ _____ Ⓚ _____

                부정문: Ⓒ _____ Ⓚ _____

                의문문: Ⓒ _____ Ⓚ _____

(2) **吃 / 多**   긍정문: Ⓒ _____ Ⓚ _____

                부정문: Ⓒ _____ Ⓚ _____

                의문문: Ⓒ _____ Ⓚ _____

(3) **开车 / 快** 긍정문:  C _____ K _____

부정문: C _____ K _____

의문문: C _____ K _____

(4) **听 / 清楚** 긍정문: C _____ K _____

부정문: C _____ K _____

의문문: C _____ K _____

5. 본문의 내용을 참고하여 자신의 중국어 공부 방법에 대해 작문해 보세요.

1. 다음 문장을 소리 내어 읽어 보세요.

(1) 这件事你得跟妈妈好好儿商量商量。

(2) 我觉得你说得很好。

(3) 我每天听六个小时的课。

(4) 有志者，事竟成。

2. 빈칸에 들어갈 알맞은 단어를 보기에서 고르세요.

보기

Ⓐ 意思　Ⓑ 好好儿　Ⓒ 志向　Ⓓ 重要

(1) 你别出去，在家_____休息。

(2) 这件事情*非常_____，你一定要告诉妈妈。

(3) 你知道这句话是什么_____吗?

(4) 每个人都有自己*的_____。

🔑 事情 shìqing 몡 일, 사건 | 自己 zìjǐ 때 자기, 자신

3. 제시된 단어의 알맞은 위치를 고르세요.

(1) 的　　他Ⓐ学了Ⓑ两个小时Ⓒ英语Ⓓ。

(2) 得　　弟弟Ⓐ说汉语Ⓑ说Ⓒ好不好Ⓓ?

(3) 几乎　我Ⓐ每天Ⓑ都Ⓒ去Ⓓ学校。

(4) 别　　Ⓐ忘了Ⓑ带Ⓒ汉语书Ⓓ。

4. 다음 문장을 읽고 내용이 이어지도록 순서대로 나열하세요.

(1) Ⓐ 下个星期她就要回北京了
Ⓑ 但是她说没有时间
Ⓒ 所以我想请她吃一顿*饭

_____ ▸ _____ ▸ _____

🔑 顿 dùn 얭 끼, 차례[식사나 꾸중 등을 세는 단위]

(2) Ⓐ 可是这次考试，他考得不太好

　　Ⓑ 所以他打算从今天开始每天学习五个小时

　　Ⓒ 哥哥每天都学习三个小时　　　　　_____ ▶ _____ ▶ _____

(3) Ⓐ 现在我得去买一把*雨伞

　　Ⓑ 不过我忘了带伞

　　Ⓒ 听天气预报说今天下午会下雨　　_____ ▶ _____ ▶ _____

🔑 把 bǎ 鄧 개[손으로 잡을 수 있는 작은 물건을 세는 단위]

(4) Ⓐ 这就是"有志者，事竟成"的意思

　　Ⓑ 你只要有志向

　　Ⓒ 就一定能成功　　　　　　　　　_____ ▶ _____ ▶ _____

5. 다음 글을 읽고 질문에 답하세요.

> 　李世明在中国学汉语学了快半年了，可是他的汉语还是说得不太好。学习汉语的方法*有很多，听中国歌、看中国电影、跟中国朋友说汉语等等。可是李世明每天坐在图书馆看书、学习，不听、不说汉语，所以汉语还是不太好。他的汉语老师让他多出去走走、看看，多跟中国人交流*，这样*就能学好汉语。
>
> 🔑 方法 fāngfǎ 鄧 방법 | 交流 jiāoliú 鄧 교제하다 | 这样 zhèyàng 대 이렇다, 이와 같다

(1) 이세명의 중국어 수준은 왜 향상되지 않았나요?

Ⓒ _____

(2) 위의 내용에서 언급한 중국어 공부 방법에는 무엇이 있나요?

Ⓒ _____

(3) 이세명은 중국에서 얼마 동안 유학을 하였나요?

　Ⓐ 一年了　　　　　Ⓑ 半年了　　　　　Ⓒ 快半年了　　　　　Ⓓ 六个月了

(4) 중국어 선생님은 그에게 어떤 중국어 공부 방법을 권했나요? (복수 선택)

　Ⓐ 多跟中国人交流　　Ⓑ 多出去走走　　Ⓒ 多吃中国菜　　Ⓓ 多听中国歌

1. 녹음을 듣고 알맞은 중국어 단어를 쓰세요. 🎧 **MP3 w07-01**

(1) _____ (2) _____ (3) _____ (4) _____

2. 녹음을 듣고 빈칸에 알맞은 내용을 쓰세요. 🎧 **MP3 w07-02**

我每天都学习 (1)_____的汉语，可是这次考试 (2)_____不太好。张老师说 "有志者，事竟成。" 只要我有 (3)_____，努力学习，下次一定能考好。她还告诉我 (4)_____也很重要。

3. 녹음의 질문을 듣고 알맞은 대답을 중국어로 쓰세요. 🎧 **MP3 w07-03**

(1) _____ (2) _____

(3) _____ (4) _____

🔑 聚会 jùhuì 圈 모임 圈 모이다

4. 녹음의 대화를 듣고 다음 문장이 맞으면 ○, 틀리면 X를 표시하세요. 🎧 **MP3 w07-04**

(1) 妈妈忘了带伞。 ( ) (2) 男的打算一个人去。 ( )

(3) 听说下星期的考试很容易。 ( ) (4) 北京书店就在前面。 ( )

🔑 往 wǎng 圈 ~쪽으로 ~을 향해

5. 녹음의 대화를 듣고 다음 질문에 알맞은 답을 고르세요. 🎧 **MP3 w07-05**

(1) 问: 这次期中考试男的考得怎么样?
Ⓐ 不好　　　　Ⓑ 很不好　　　　Ⓒ 还可以　　　　Ⓓ 很好

(2) 问: 女的每天学习几个小时?
Ⓐ 一个小时　　Ⓑ 两个小时　　　Ⓒ 三个小时　　　Ⓓ 四个小时

(3) 问: 女的是怎么复习的?
Ⓐ 只背了生词　Ⓑ 只背了课文　　Ⓒ 没好好儿学习　Ⓓ 背生词和背课文

(4) 问: 男的让女的怎么学习汉语?
Ⓐ 多听多说　　Ⓑ 多读多写　　　Ⓒ 多背生词　　　Ⓓ 多背课文

09 这是我的一点儿小心意

说 말하기

1. 다음 문장을 중국어로 말해 보세요.

   (1) 이것은 저의 작은 정성입니다. 받으세요.

   (2) 그분이 저한테 당신께 이 일을 알려 주라고 하셨어요.

   (3) 이렇게 바쁜데, 무슨 영화를 본다고 그래요!

   (4) 오빠(형)는 중국어를 배우는 중이야.

2. 다음 대화에 어울리는 내용을 중국어로 말해 보세요.

   (1) A : 你妈妈呢?

       B : _____

   (2) A : 这是给您的一点儿小心意，请收下!

       B : _____

   (3) A : _____

       B : 是吗? 看上去很好吃。

   (4) A : _____

       B : 是啊，养花可以让人心情愉快。

3. 다음 그림의 상황에 알맞게 대화를 만들어 보세요.

   (1)

       A : _____

       B : _____

       A : _____

       B : _____

(2)

A : ＿＿＿＿＿＿＿＿＿＿＿＿＿＿＿

B : ＿＿＿＿＿＿＿＿＿＿＿＿＿＿＿

A : ＿＿＿＿＿＿＿＿＿＿＿＿＿＿＿

B : ＿＿＿＿＿＿＿＿＿＿＿＿＿＿＿

4. 본문의 내용을 생각하며 다음 질문에 답해 보세요.

(1) 李世明去了谁的家?

(2) 李世明给王阿姨送了什么礼物?

(3) 王阿姨家漂亮吗?

(4) 王阿姨的爱人在做什么呢?

5. 다음 제시어를 이용하여 중국어로 이야기를 만들어 말해 보세요.

제시어

친구 집, 선물하다, 특별 요리, 꽃

＿＿＿＿＿＿＿＿＿＿＿＿＿＿＿＿＿＿＿＿＿＿＿＿＿＿＿＿＿＿＿＿＿＿＿＿

＿＿＿＿＿＿＿＿＿＿＿＿＿＿＿＿＿＿＿＿＿＿＿＿＿＿＿＿＿＿＿＿＿＿＿＿

＿＿＿＿＿＿＿＿＿＿＿＿＿＿＿＿＿＿＿＿＿＿＿＿＿＿＿＿＿＿＿＿＿＿＿＿

＿＿＿＿＿＿＿＿＿＿＿＿＿＿＿＿＿＿＿＿＿＿＿＿＿＿＿＿＿＿＿＿＿＿＿＿

＿＿＿＿＿＿＿＿＿＿＿＿＿＿＿＿＿＿＿＿＿＿＿＿＿＿＿＿＿＿＿＿＿＿＿＿

写 쓰기

1. 다음 단어의 중국어와 한어병음을 쓰세요.

(1) 아주머니   C_____   P_____   (2) 마음, 성의   C_____   P_____

(3) 받다, 취하다 C_____   P_____   (4) 선물   C_____   P_____

(5) 바라다   C_____   P_____   (6) 기르다, 부양하다 C_____   P_____

(7) 감정, 기분 C_____   P_____   (8) 즐겁다   C_____   P_____

2. 다음 제시된 중국어를 재배열하여 문장을 완성하세요.

(1) 带来 / 我 / 是 / 从 / 的 / 人参茶 / 这 / 韩国   ▶ _____

(2) 愉快 / 让 / 可以 / 心情 / 养花 / 人   ▶ _____

(3) 尝 / 你 / 可以 / 拿手菜 / 一 / 尝 / 张老师 / 今天 / 的

     ▶ _____

(4) 先 / 吧 / 你 / 个 / 地方 / 住下 / 找   ▶ _____

3. 주어진 문장을 모방하여 제시된 한국어의 의미에 맞게 중국어로 쓰세요.

(1) 他弟弟喜欢开着灯睡觉。

   ▶ 우리 엄마는 누워서 텔레비전 보는 것을 좋아하신다.

   C _____

(2) 老师让我们回家背课文。
   ▸ 아빠는 내게 중국에 가서 중국어를 배우라고 하셨다.

   Ⓒ _____

(3) 我回家的时候，妈妈正准备晚饭呢！
   ▸ 내가 그 사람의 집에 갔을 때, 그 사람은 게임을 하고 있었다.

   Ⓒ _____

(4) 他考上了大学，真让人高兴。
   ▸ 그 사람이 숙제를 안 해서 정말 화가 난다.

   Ⓒ _____

4. 제시된 단어를 이용하여 보기와 같이 着 문형의 문장을 만들고 뜻을 쓰세요.

보기

看 긍정문: 他躺着看电视呢。 그 사람은 누워서 텔레비전을 보고 있어요.
   부정문: 他没躺着看电视。 그 사람은 텔레비전을 보고 있지 않아요.
   의문문: 他躺着看电视吗? 그 사람은 텔레비전을 보고 있나요?

(1) 站 긍정문: Ⓒ _____ Ⓚ _____

      부정문: Ⓒ _____ Ⓚ _____

      의문문: Ⓒ _____ Ⓚ _____

(2) **开**   긍정문: **C** _____   **K** _____

부정문: **C** _____   **K** _____

의문문: **C** _____   **K** _____

(3) **坐**   긍정문: **C** _____   **K** _____

부정문: **C** _____   **K** _____

의문문: **C** _____   **K** _____

(4) **走**   긍정문: **C** _____   **K** _____

부정문: **C** _____   **K** _____

의문문: **C** _____   **K** _____

5. 본문의 내용을 참고하여 자신 혹은 다른 사람의 생일에 대해 작문해 보세요.

读 읽기

1. 다음 문장을 소리 내어 읽어 보세요.

   (1) 空着手来就行，送什么礼物啊！   (2) 你别躺着看书。

   (3) 弟弟正准备考试呢。   (4) 他请我到他家做客。

2. 빈칸에 들어갈 알맞은 단어를 보기에서 고르세요.

   보기
   Ⓐ 心意   Ⓑ 漂亮   Ⓒ 口福   Ⓓ 准备

   (1) 你们家真_____啊！   (2) 今天真没有_____！

   (3) 明天就要考试了，你_____好了吗？

   (4) 阿姨，这是我们的一点儿小_____，您收下吧！

3. 제시된 단어의 알맞은 위치를 고르세요.

   (1) **不**   爸爸Ⓐ让Ⓑ我Ⓒ去Ⓓ看电影。

   (2) **着**   他Ⓐ很喜欢Ⓑ站Ⓒ看书Ⓓ。

   (3) **什么**   这么晚了，Ⓐ还Ⓑ喝Ⓒ咖啡啊Ⓓ！

   (4) **正**   你Ⓐ给我打电话的时候Ⓑ我Ⓒ准备Ⓓ晚饭呢。

4. 다음 문장을 읽고 내용이 이어지도록 순서대로 나열하세요.

   (1) Ⓐ 因为他觉得养花可以让人心情愉快
       Ⓑ 爸爸很喜欢养花
       Ⓒ 所以在家养了很多花   _____ ▶ _____ ▶ _____

(2) Ⓐ 点了两杯咖啡和一块蛋糕

　　Ⓑ 所以我们去了咖啡厅

　　Ⓒ 我的女朋友想喝咖啡　　　　　　　　_____ ▶ _____ ▶ _____

(3) Ⓐ 我正开会呢

　　Ⓑ 你找我有什么事吗

　　Ⓒ 不好意思，昨天你给我打电话的时候　_____ ▶ _____ ▶ _____

(4) Ⓐ 昨天和今天我都非常忙

　　Ⓑ 明天只好空着手去看阿姨了

　　Ⓒ 没有时间准备阿姨的礼物　　　　　　_____ ▶ _____ ▶ _____

5. 다음 글을 읽고 질문에 답하세요.

> 　　给中国朋友送礼物时有很多学问。中国人不喜欢数字*"4"，因为"4"的发音*和"死*"的发音差不多；中国人不喜欢白色和黑色，喜欢红色*等等。还有，给夫妻*不能送梨*，因为"梨"与"离*"发音差不多。去朋友家做客时，一般送花、水果等等。
>
> 📍数字 shùzì 圆 숫자 | 发音 fāyīn 圆 발음 | 死 sǐ 圆 죽다 |
> 红色 hóngsè 圆 빨간색 | 夫妻 fūqī 圆 부부 | 梨 lí 圆 배 | 离 lí 圆 헤어지다

(1) 중국인이 좋아하지 않는 숫자는 무엇인가요?

　　Ⓐ 1　　　　　　　　Ⓑ 3　　　　　　　　Ⓒ 4　　　　　　　　Ⓓ 7

(2) 선물할 때에 중국인이 좋아하지 않는 색깔은 무엇인가요?

　　Ⓐ 白色和红色　　　Ⓑ 黑色和白色　　　Ⓒ 黑色和红色　　　Ⓓ 黑色和蓝色

(3) 중국에서 부부에게 선물할 때 배를 선물할 수 없는 이유는 무엇인가요?

　Ⓒ _____

(4) 친구 집에 손님으로 갈 때에 중국인은 일반적으로 무엇을 선물하나요?

　Ⓒ _____

1. 녹음을 듣고 알맞은 중국어 단어를 쓰세요. 🎧 MP3 w09-01

   (1) _____ (2) _____ (3) _____ (4) _____

2. 녹음을 듣고 빈칸에 알맞은 내용을 쓰세요. 🎧 MP3 w09-02

   上个星期天我去王阿姨家 (1)_____，我从韩国带了一盒人参茶送给她。王阿姨

   的爱人喜欢 (2)_____，做菜也 (3)_____很好。那天我特别 (4)_____，

   因为我尝到了王阿姨爱人做的拿手菜。

3. 녹음의 질문을 듣고 알맞은 대답을 중국어로 쓰세요. 🎧 MP3 w09-03

   (1) _____ (2) _____

   (3) _____ (4) _____

4. 녹음의 대화를 듣고 다음 문장이 맞으면 ○, 틀리면 X를 표시하세요. 🎧 MP3 w09-04

   (1) 男的从中国买了礼物送给女的。 (   ) (2) 女的正吃饭呢。 (   )

   (3) 男的想开车去。 (   ) (4) 女的每天走着去学校。 (   )

5. 녹음의 대화를 듣고 다음 질문에 알맞은 답을 고르세요. 🎧 MP3 w09-05

   (1) 问："我"打算什么时候去林芳家做客？
   Ⓐ 上个星期　　　　Ⓑ 下个星期　　　　Ⓒ 这个周末　　　　Ⓓ 明天

   (2) 问："我"是什么时候到中国的？
   Ⓐ 上个星期　　　　Ⓑ 昨天　　　　Ⓒ 上个月　　　　Ⓓ 这个周末

   (3) 问："我"从韩国带来了什么？
   Ⓐ 中国菜　　　　Ⓑ 汉语书　　　　Ⓒ 茉莉花茶　　　　Ⓓ 人参茶

   (4) 问：林芳的爸爸什么菜做得很好？
   Ⓐ 中国菜　　　　Ⓑ 韩国菜　　　　Ⓒ 日本菜　　　　Ⓓ 拿手菜

MEMO

MEMO

MEMO

중국어뱅크 | 한국인의 한국인에 의한 한국인을 위한 중국어 회화 시리즈

THE GOD OF CHINESE

중국어의 신 ————————

워크북

짝수

STEP **2**

 동양북스

说 말하기

1. 다음 문장을 중국어로 말해 보세요.

(1) 이 옷이 마음에 들지 않으면 저 옷을 사세요.

(2) 네가 나한테 설명 좀 해 줘.

(3) 이 요리는 좀 매워요.

(4) 이 옷 크기가 딱 맞아요.

2. 다음 대화에 어울리는 내용을 중국어로 말해 보세요.

(1) A : 这件有点儿大，有小号的吗?

B : _____

(2) A : 这个菜味道怎么样?

B : _____

(3) A : _____

B : 给我看一下。

(4) A : _____

B : 我觉得这本书有点儿难。

3. 다음 그림의 상황에 알맞게 대화를 만들어 보세요.

(1)

A : _____

B : _____

A : _____

B : _____

(2)

A: _____

B: _____

A: _____

B: _____

4. 본문의 내용을 생각하며 다음 질문에 답해 보세요.

(1) 这个周末韩雨真去哪儿了?

(2) 她看中*了一件什么衣服?

看中 kànzhòng 图 마음에 들다

(3) 试穿*以后，她觉得中号怎么样? 大号呢?

试穿 shìchuān 图 입어 보다

(4) 那件衣服现在打折吗?

5. 다음 제시어를 이용하여 중국어로 이야기를 만들어 말해 보세요.

제시어

바지, 알맞다, 세일, 저렴하다

_____

_____

_____

_____

_____

写 쓰기

1. 다음 단어의 중국어와 한어병음을 쓰세요.

(1) 상점　　Ⓒ＿＿＿＿＿　Ⓟ＿＿＿＿＿　　(2) 적당하다　Ⓒ＿＿＿＿＿　Ⓟ＿＿＿＿＿

(3) 신제품　Ⓒ＿＿＿＿＿　Ⓟ＿＿＿＿＿　　(4) 할인하다　Ⓒ＿＿＿＿＿　Ⓟ＿＿＿＿＿

(5) 판매원　Ⓒ＿＿＿＿＿　Ⓟ＿＿＿＿＿　　(6) 스웨터　Ⓒ＿＿＿＿＿　Ⓟ＿＿＿＿＿

(7) 잡다, 들다 Ⓒ＿＿＿＿＿　Ⓟ＿＿＿＿＿　　(8) 하얗다　Ⓒ＿＿＿＿＿　Ⓟ＿＿＿＿＿

2. 다음 빈칸에 알맞은 단어를 쓰세요.

(1) 这件毛衣现在不＿＿＿＿＿＿＿＿(dǎzhé)。

(2) 明天天气太冷＿＿＿＿＿＿＿＿(dehuà)，不去也行。

(3) 今天天气＿＿＿＿＿＿＿＿(yǒudiǎnr)热，我们还是明天去吧。

(4) 她先＿＿＿＿＿＿＿＿(shì)了一件白毛衣，觉得正合适。

3. 다음 제시된 중국어를 재배열하여 문장을 완성하세요.

(1) 随便 / 一下 / 你 / 看　　　▶＿＿＿＿＿＿＿＿＿＿＿＿＿＿

(2) 条 / 大 / 裤子 / 这 / 有点儿　▶＿＿＿＿＿＿＿＿＿＿＿＿＿＿

(3) 今年 / 这 / 的 / 新款 / 毛衣 / 是 / 件　▶＿＿＿＿＿＿＿＿＿＿＿＿＿＿

(4) 拿 / 的 / 我 / 吧 / 给 / 一件 / 中号 / 您　▶＿＿＿＿＿＿＿＿＿＿＿＿＿＿

4. 주어진 문장을 모방하여 제시된 한국어의 의미에 맞게 중국어로 쓰세요.

(1) 这件是今年的新款，您随便试一下吧。

  ▸ 이것은 내가 산 중국어 책이야. 너 편하게 봐.

  Ｃ _____

(2) 如果他不在的话，你就回来吧。

  ▸ 만약 내일 비가 안 온다면, 우리 만리장성에 가자.

  Ｃ _____

(3) 你喜欢的话可以试一试。

  ▸ 시간 있으면 너 가서 좀 봐.

  Ｃ _____

(4) 她给我买了一件毛衣。

  ▸ 어제 저녁 그는 나에게 문자 하나를 보냈어.

  Ｃ _____

5. 제시된 단어를 포함하여 그림의 상황에 알맞은 문장을 만들어 보세요.

(1) 제시어 ▸ 小

(2) 제시어 ▸ 白

(3) 제시어 ▸ 贵

(4) 제시어 ▸ 合适

_____ _____ _____ _____

02 | 您可以试一试

读 읽기

1. 다음 문장을 소리 내어 읽어 보세요.

(1) 我最近有点儿忙。

(2) 这件白的有小号的吗?

(3) 这件毛衣是今年的新款，不打折。

(4) 明天有时间的话，我们一起出去玩儿吧。

2. 빈칸에 들어갈 알맞은 단어를 보기에서 고르세요.

> 보기
>
> Ⓐ 随便　Ⓑ 合适　Ⓒ 有点儿　Ⓓ 一下

(1) 这件_____小，有大号的吗?

(2) 大家_____坐吧。

(3) 这条裤子正_____。

(4) 有机会的话可以去听_____。

3. 제시된 단어의 알맞은 위치를 고르세요.

(1) 给　　　请Ⓐ我Ⓑ看一下Ⓒ您的护照Ⓓ。

(2) 正　　　Ⓐ这件Ⓑ衣服Ⓒ大小Ⓓ合适。

(3) 就　　　Ⓐ试衣间*Ⓑ在Ⓒ这边儿Ⓓ。　　♀试衣间 shìyījiān 몡 탈의실

(4) 的话　　如果Ⓐ他Ⓑ不知道Ⓒ怎么办*Ⓓ呢?　　♀怎么办 zěnme bàn 어떻게 하나

4. 아래 질문의 대답으로 알맞은 것을 보기에서 고르세요.

보기

Ⓐ 不好意思，小号已经没有了。　　Ⓑ 太好了。你想看什么电影？

Ⓒ 我不太喜欢白毛衣，要买一件蓝*的。　　Ⓓ 如果不下雨的话，我想去爬山。

Ⓔ 这条裙子有点儿贵，现在不打折吗？　　Ⓕ 很好吃，可是有点儿辣。

🔊 蓝 lán 혱 파랗다

(1) 这是中国菜，味道怎么样？（　　）　(2) 明天你想做什么？　　　　　　　　（　　）

(3) 这件白毛衣有小号的吗？　（　　）　(4) 你明天有空的话，一起去看电影怎么样？（　　）

5. 다음 글을 읽고 질문에 답하세요.

　　最近天气有点儿冷，所以韩雨真想去买一件毛衣。她和她的男朋友一起去了商店。她看中了一件黄*毛衣，试穿以后，觉得中号有点儿小。所以想换一件大号的，不过大号的已经没有了。售货员给韩雨真推荐*了一件最近最流行*的白毛衣。她试穿了中号后，觉得正合适。她的男朋友也说很漂亮。但是这件白毛衣是今年的新款，不打折，所以韩雨真决定不买了。

🔊 黄 huáng 혱 노랗다 | 推荐 tuījiàn 혱 추천하다 | 流行 liúxíng 혱 유행하다

(1) 한우진은 누구와 함께 옷을 사러 갔나요?
　　Ⓐ 她妹妹　　　　　Ⓑ 女朋友　　　　　Ⓒ 男朋友　　　　　Ⓓ 她妈妈

(2) 한우진은 왜 스웨터를 사려고 하나요?
　　Ⓐ 今年毛衣很流行　　　　　　　　Ⓑ 最近天气有点儿冷
　　Ⓒ 她看中了一件毛衣　　　　　　　Ⓓ 男朋友觉得她穿毛衣很好看

(3) 한우진은 어떤 스웨터를 샀나요?
　　Ⓐ 小号黄毛衣　　　Ⓑ 大号黄毛衣　　　Ⓒ 中号白毛衣　　　Ⓓ 什么都没买

(4) 위 내용과 일치하지 않는 것은 무엇인가요?
　　Ⓐ 中号的黄毛衣正合适　　　　　　Ⓑ 大号的黄毛衣已经没有了
　　Ⓒ 韩雨真看中了一件黄毛衣　　　　Ⓓ 白毛衣是今年的新款，不打折

听 듣기

1. 녹음을 듣고 알맞은 중국어 단어를 쓰세요. 🎧 MP3 w02-01

(1) _____   (2) _____

(3) _____   (4) _____

2. 녹음을 듣고 빈칸에 알맞은 내용을 쓰세요. 🎧 MP3 w02-02

　　这个周末，我去(1)_____买了一件白毛衣。这件毛衣是今年的(2)_____，

不打折。我先试了一件中号的，不过中号的(3)_____小，所以我换了一件大号的，

大号的正(4)_____。

3. 녹음의 질문을 듣고 대답으로 가장 알맞은 것을 고르세요. 🎧 MP3 w02-03

(1) Ⓐ 这件也是新款　　　　Ⓑ 这件不错
　　Ⓒ 不打折　　　　　　　Ⓓ 试衣间在那边儿

(2) Ⓐ 给我拿一件中号的吧　Ⓑ 中号正合适
　　Ⓒ 对不起，现在没有中号　Ⓓ 不对，这件不是小号

(3) Ⓐ 我随便看一下　　　　Ⓑ 我想学习
　　Ⓒ 这件有点儿大　　　　Ⓓ 他去买书

(4) Ⓐ 这件有点儿贵　　　　Ⓑ 有，请等一下。
　　Ⓒ 那件不太大　　　　　Ⓓ 这件正合适

4. 녹음의 대화를 듣고 다음 문장이 맞으면 ○, 틀리면 X를 표시하세요. 🎧 MP3 **w02-04**

　(1) 女的明天上午不能给男的打电话。　　(　　)

　(2) 女的想在家休息。　　　　　　　　　(　　)

　(3) 女的觉得那家咖啡厅很远。　　　　　(　　)

　(4) 他们都觉得这本书不容易*。　　　　(　　)

🔑 容易 róngyi 쉽다

5. 녹음의 대화를 듣고 다음 질문에 알맞은 답을 고르세요. 🎧 MP3 **w02-05**

　(1) 问：女的想什么时候看电影?

　　Ⓐ 明天　　　　　　　　　　Ⓑ 后天

　　Ⓒ 今天　　　　　　　　　　Ⓓ 下个星期

　(2) 问：男的想买的那件衣服现在怎么样?

　　Ⓐ 打折　　　　　　　　　　Ⓑ 不贵

　　Ⓒ 有点儿大　　　　　　　　Ⓓ 不知道

　(3) 问：女的明天去图书馆吗?

　　Ⓐ 她不去图书馆　　　　　　Ⓑ 她去书店

　　Ⓒ 如果男的去，她就去　　　Ⓓ 她不想去商店

　(4) 问：女的打算试穿今年的新款吗?

　　Ⓐ 她打算试一下　　　　　　Ⓑ 她不想试穿

　　Ⓒ 今年的新款不能试穿　　　Ⓓ 她很想试试

说 말하기

1. 다음 문장을 중국어로 말해 보세요.

(1) 나는 중국에 가 본 적이 있어.

(2) 듣기로 그 사람이 내일 온다고 해.

(3) 나는 비행기를 타고 왔어.

(4) 선생님께서 나한테 본문을 외우라고 하셨어.

2. 다음 대화에 어울리는 내용을 중국어로 말해 보세요.

(1) A: 期中考试结束了, 你打算做什么?

　　 B: _____

(2) A: 你是跟谁一起去的?

　　 B: _____

(3) A: _____

　　 B: 去过。

(4) A: _____

　　 B: 妈妈让我做作业。

3. 다음 그림의 상황에 알맞게 대화를 만들어 보세요.

(1)

A: _____

B: _____

A: _____

B: _____

(2)

A: _____

B: _____

A: _____

B: _____

4. 본문의 내용을 생각하며 다음 질문에 답해 보세요.

(1) 期中考试结束了，韩雨真打算做什么?

(2) 王平是怎么去的上海?

(3) 韩雨真坐过高铁吗?

(4) 韩雨真为什么打算坐高铁去上海?

5. 다음 제시어를 이용하여 중국어로 이야기를 만들어 말해 보세요.

제시어

고속철도, 칭다오*, 비행기, 체험하다

♀ 青岛 Qīngdǎo 고유 칭다오

_____

_____

_____

_____

04 | 你坐过高铁吗?

写 쓰기

1. 다음 단어의 중국어와 한어병음을 쓰세요.

(1) 여름 방학 Ⓒ_____ Ⓟ_____   (2) 끝나다 Ⓒ_____ Ⓟ_____

(3) 특가 Ⓒ_____ Ⓟ_____   (4) 체험하다 Ⓒ_____ Ⓟ_____

(5) 편리하다 Ⓒ_____ Ⓟ_____   (6) 지금까지 Ⓒ_____ Ⓟ_____

(7) 시험 Ⓒ_____ Ⓟ_____   (8) 정하다 Ⓒ_____ Ⓟ_____

2. 다음 빈칸에 알맞은 단어를 쓰세요.

(1) 我_____没坐过飞机。
　　　cónglái

(2) 坐飞机更_____。
　　　　　fāngbiàn

(3) 这本书_____看完呢，下周给你吧。
　　　　　hái méi

(4) 我从来没吃过_____好吃的炸酱面。
　　　　　　　zhème

3. 다음 제시된 중국어를 재배열하여 문장을 완성하세요.

(1) 还 / 我 / 完 / 呢 / 没 / 吃　　　▶_____

(2) 机票 / 我 / 了 / 特价 / 买 / 到　　　▶_____

(3) 说 / 这句话 / 过 / 我 / 没 / 从来　　　▶_____

(4) 高铁 / 我朋友 / 让 / 我 / 上海 / 去 / 坐　　　▶_____

4. 주어진 문장을 모방하여 제시된 한국어의 의미에 맞게 중국어로 쓰세요.

(1) 女朋友<u>让</u>我去买一杯咖啡。

▶ 엄마는 내게 집에 돌아와서 밥을 먹으라고 하셨어.

Ⓒ _____

(2) 听说中国的高铁<u>又</u>快<u>又</u>方便。

▶ 듣자 하니, 그 사람의 여동생은 똑똑하*고 예쁘다고 해.　　🔎聪明 cōngming ㆍ형 똑똑하다

Ⓒ _____

(3) 我的手机<u>是</u>三个月前换<u>的</u>。

▶ 그 사람의 컴퓨터는 작년에 산 것이야.

Ⓒ _____

(4) 我妈妈以前<u>从来没</u>去<u>过</u>北京，这是第一次。

▶ 그 사람은 여태껏 베이징 오리구이를 먹어 본 적이 없어. 이번이 처음이야.

Ⓒ _____

5. 제시된 단어를 포함하여 그림의 상황에 알맞은 문장을 만들어 보세요.

(1)	(2)	(3)	(4)

제시어 ▶ 洗好	제시어 ▶ 考试	제시어 ▶ 吃饱	제시어 ▶ 让

_____　　_____　　_____　　_____

🔎酒 jiǔ ㆍ명 술

04 | 你坐过高铁吗?

1. 다음 문장을 소리 내어 읽어 보세요.

(1) 这个周末我要去上海。

(2) 这句话我从来没说过。

(3) 听说最近高铁又快又方便。

(4) 你觉得贵的话，就买那个吧。

2. 빈칸에 들어갈 알맞은 단어를 보기에서 고르세요.

보기
Ⓐ 饱 Ⓑ 让 Ⓒ 见 Ⓓ 过

(1) 妈妈没_____弟弟去买咖啡。

(2) 我已经吃_____了，你再吃一点儿吧。

(3) 我见_____她的男朋友，她的男朋友又高又帅。

(4) 下个星期天我打算去首尔_____我的朋友。

3. 제시된 단어의 알맞은 위치를 고르세요.

(1) 从来　　Ⓐ这件事Ⓑ我Ⓒ没听说Ⓓ过。

(2) 体验　　你去Ⓐ北京的话，Ⓑ可以Ⓒ一下Ⓓ中国的文化*。　　🔎文化 wénhuà 圏 문화

(3) 是　　上次Ⓐ去北京Ⓑ你Ⓒ怎么Ⓓ去的?

(4) 让　　哥哥觉得Ⓐ坐船*Ⓑ太慢了，Ⓒ我Ⓓ坐飞机去。　　🔎船 chuán 圏 배

4. 아래 질문의 대답으로 알맞은 것을 보기에서 고르세요.

보기

ⓐ 我还没想好呢。上次你是怎么去的？　　ⓑ 我们是高中同学。

ⓒ 我们先去北京，然后去上海吧。　　ⓓ 还没吃过。听说北京烤鸭非常好吃。

ⓔ 跟女朋友一起来的。　　ⓕ 我很喜欢吃北京烤鸭，你呢？

　高中 gāozhōng 圐 고등학교 | 非常 fēicháng 男 대단히

(1) 你们俩是什么时候认识的？　（　　）　　(2) 你吃过北京烤鸭吗？　（　　）

(3) 你打算怎么去上海？　　　　（　　）　　(4) 你是跟谁一起来的？　（　　）

5. 다음 글을 읽고 질문에 답하세요.

　　　这个周末韩雨真打算去上海见她的朋友，但还没想好怎么去。听说，上海很远，坐车去要很长时间。她的同学王平去年去过上海，王平告诉她，上次因为买到了特价机票，是坐飞机去的。但是听说最近高铁又快又方便，所以王平让她坐高铁试试。韩雨真从来没坐过中国的高铁，所以打算体验一下。

　但是 dànshì 圐 그러나

(1) 한우진은 왜 상하이에 가려고 하나요?

　　ⓐ 去见朋友　　　　ⓑ 体验高铁　　　　ⓒ 上海很近　　　　ⓓ 机票很便宜

(2) 왕핑은 지난번 상하이에 어떻게 다녀왔나요?

　　ⓐ 坐长途汽车去的　ⓑ 坐高铁去的　　　ⓒ 坐飞机去的　　　ⓓ 坐船去的

　长途汽车 chángtú qìchē 男 장거리 버스, 시외버스

(3) 한우진은 상하이에 어떻게 가려고 하나요?

　　ⓐ 坐长途汽车去　　ⓑ 坐高铁去　　　　ⓒ 开车去　　　　　ⓓ 坐飞机去

(4) 다음 중 위 내용과 일치하는 것은 무엇인가요?

　　ⓐ 最近坐汽车去上海又快又方便　　　ⓑ 王平从来没去过上海

　　ⓒ 王平让韩雨真坐高铁去上海　　　　ⓓ 韩雨真已经买到了特价机票

听 듣기

1. 녹음을 듣고 알맞은 중국어 단어를 쓰세요. 🎧 MP3 w04-01

(1) _____ (2) _____

(3) _____ (4) _____

2. 녹음을 듣고 빈칸에 알맞은 내용을 쓰세요. 🎧 MP3 w04-02

这个周末我打算去上海见朋友。我的同学小王以前去过上海,他是坐(1)_____ 去的,那时他买到了特价机票。但是(2)_____最近(3)_____又快又方便,我 还从来没坐过,所以这次想(4)_____一下。

3. 녹음의 질문을 듣고 대답으로 가장 알맞은 것을 고르세요. 🎧 MP3 w04-03

(1) Ⓐ 我去过北京　　　　Ⓑ 坐火车去的
　　 Ⓒ 你下次去吧　　　　Ⓓ 我不去上海

(2) Ⓐ 没看过　　　　　　Ⓑ 我们去看电影吧
　　 Ⓒ 我不想看电影　　　Ⓓ 我很喜欢看中国电影

(3) Ⓐ 好啊,我也很想吃　　Ⓑ 又贵又好看
　　 Ⓒ 又好吃又便宜　　　Ⓓ 我不想吃炸酱面

(4) Ⓐ 老师说今天不上课　　Ⓑ 都听懂了
　　 Ⓒ 我听了　　　　　　Ⓓ 老师没说

4. 녹음의 대화를 듣고 다음 문장이 맞으면 ○, 틀리면 X를 표시하세요.   🎧 MP3 w04-04

(1) 男的现在还没有护照。　　（　　）

(2) 女的以前听说过这件事。　　（　　）

(3) 女的觉得坐高铁不方便。　　（　　）

(4) 女的下课后去银行。　　（　　）

5. 녹음의 대화를 듣고 다음 질문에 알맞은 답을 고르세요.   🎧 MP3 w04-05

(1) 问：女的为什么不背课文？

　Ⓐ 她不想背课文　　　　　　　Ⓑ 课文太难

　Ⓒ 老师没让她们背课文　　　　Ⓓ 她没有时间

(2) 问：妈妈决定怎么去？

　Ⓐ 走着去　　　　　　　　　　Ⓑ 坐公交车去

　Ⓒ 打的*去　　　　　　　　　　Ⓓ 骑自行车去

　　　　　　　　　　　　　　　　　　🔈 打的 dǎdī 图 택시를 타다

(3) 问：小林和她的男朋友是怎么认识的？

　Ⓐ 朋友介绍的　　　　　　　　Ⓑ 他们是高中同学

　Ⓒ 他们是大学同学　　　　　　Ⓓ 老师介绍的

(4) 问：妈妈让她下课后做什么？

　Ⓐ 去朋友家玩儿　　　　　　　Ⓑ 回家学习

　Ⓒ 去图书馆　　　　　　　　　Ⓓ 回家吃饭

06 | 到博物馆需要多长时间?

说 말하기

1. 다음 문장을 중국어로 말해 보세요.

(1) 그 책이 더 쉽다.

(2) 비행기로 두 시간 걸린다.

(3) 아버지가 침대에 누워 계신다.

(4) 서점에 가려면 차를 타야 한다.

2. 다음 대화에 어울리는 내용을 중국어로 말해 보세요.

(1) A：去北京站需要多长时间?

B：＿＿＿＿＿＿＿＿＿＿＿＿＿

(2) A：妈妈做的菜好吃还是爸爸做的菜好吃?

B：＿＿＿＿＿＿＿＿＿＿＿＿＿

(3) A：＿＿＿＿＿＿＿＿＿＿＿＿＿

B：你的书在桌子上放着呢。

(4) A：＿＿＿＿＿＿＿＿＿＿＿＿＿

B：学了一年。

3. 다음 그림의 상황에 알맞게 대화를 만들어 보세요.

(1)

A：＿＿＿＿＿＿＿＿＿＿＿＿＿

B：＿＿＿＿＿＿＿＿＿＿＿＿＿

A：＿＿＿＿＿＿＿＿＿＿＿＿＿

B：＿＿＿＿＿＿＿＿＿＿＿＿＿

(2)

A: _____

B: _____

A: _____

B: _____

4. 본문의 내용을 생각하며 다음 질문에 답해 보세요.

(1) 李世明是怎么去国家博物馆的?

(2) 李世明为什么没去对面打车?

(3) 到博物馆需要多长时间?

(4) 司机为什么要走三环?

5. 다음 제시어를 이용하여 중국어로 이야기를 만들어 말해 보세요.

제시어

지하철, 천안문*, 빠르고 편리하다, 급한 일

天安门 Tiān'ānmén 고유 천안문

_____

_____

_____

_____

_____

写 쓰기

1. 다음 단어의 중국어와 한어병음을 쓰세요.

(1) 길을 돌아가다 ⓒ_____ ⓟ_____   (2) 경찰 ⓒ_____ ⓟ_____

(3) 조급하다 ⓒ_____ ⓟ_____   (4) 번거롭다 ⓒ_____ ⓟ_____

(5) 맞은편 ⓒ_____ ⓟ_____   (6) 유턴하다 ⓒ_____ ⓟ_____

(7) 박물관 ⓒ_____ ⓟ_____   (8) 어쩔 수 없이 ⓒ_____ ⓟ_____

2. 다음 제시된 단어를 재배열하여 문장을 완성하세요.

(1) 从 / 绕路 / 得 / 这儿 / 出发   ▶_____

(2) 你 / 次 / 小心 / 这 / 点儿 / 得   ▶_____

(3) 他 / 三十 / 我 / 了 / 等 / 分钟   ▶_____

(4) 不 / 这儿 / 咖啡 / 能 / 喝   ▶_____

3. 주어진 문장을 모방하여 제시된 한국어의 의미에 맞게 중국어로 쓰세요.

(1) 爸爸没在椅子上坐着，在床上躺着呢。

　▶ 선생님께서는 의자에 앉아 있지 않으시고, 교실* 앞쪽에 서 계신다.   🔑教室 jiàoshi 몡 교실

　ⓒ _____

(2) 这件事儿我得跟他商量商量。

　▶ 나는 이 문제를 선생님께 여쭤봐야 한다.

　ⓒ _____

(3) 坐地铁去你家<u>要多长时间</u>?

　　▶ 비행기를 타고 베이징에 가면 얼마나 걸리나요?

　　Ⓒ _____

(4) 我觉得<u>用</u>手机查生词<u>更</u>方便。

　　▶ 내 생각에는 사전으로 새 단어를 찾는 것이 더 좋다.

　　Ⓒ _____

4. 제시된 단어를 이용하여 보기와 같이 지속을 나타내는 着 문형의 문장을 만들고 뜻을 쓰세요.

보기

站　긍정문: 警察在那儿站着呢。　　경찰이 저기에 서 있어요.
　　부정문: 警察没在那儿站着。　　경찰이 저기에 서 있지 않아요.
　　의문문: 警察在那儿站着没有?　경찰이 저기에 서 있나요?

(1) 躺　긍정문: Ⓒ_____　Ⓚ_____

　　부정문: Ⓒ_____　Ⓚ_____

　　의문문: Ⓒ_____　Ⓚ_____

(2) 放　긍정문: Ⓒ_____　Ⓚ_____

　　부정문: Ⓒ_____　Ⓚ_____

　　의문문: Ⓒ_____　Ⓚ_____

(3) **等** 긍정문: C _____ K _____

부정문: C _____ K _____

의문문: C _____ K _____

(4) **坐** 긍정문: C _____ K _____

부정문: C _____ K _____

의문문: C _____ K _____

5. 제시된 중국어를 사용해서 서울역에서 남산까지 가는 방법을 작문해 보세요.

제시어

首尔火车站, 南山*, 打的, 堵车, 坐地铁, 坐公共汽车　　南山 Nánshān 고유 남산

1. 다음 문장을 소리 내어 읽어 보세요.

   (1) 坐地铁的话，一个小时就能到。

   (2) 慢点儿说，不要着急。

   (3) 你得小心点儿。

   (4) 这儿不能喝咖啡。

2. 빈칸에 들어갈 알맞은 단어를 보기에서 고르세요.

   보기
   Ⓐ 需要　Ⓑ 麻烦　Ⓒ 着急　Ⓓ 只好

   (1) 我们没带雨伞，_____打车回家。

   (2) 从这儿到学校_____一个半小时。

   (3) 这件事比较_____。

   (4) 妈妈找不到孩子，很_____。

3. 제시된 단어의 알맞은 위치를 고르세요.

   (1) 就　　　Ⓐ不堵车Ⓑ的话，Ⓒ二、三十分钟Ⓓ能到。

   (2) 得　　　这儿Ⓐ不能Ⓑ掉头，Ⓒ去对面Ⓓ打车。

   (3) 只好　　现在Ⓐ堵车，Ⓑ我们Ⓒ走Ⓓ四环。

   (4) 更　　　要Ⓐ去青岛，Ⓑ坐飞机Ⓒ方便Ⓓ吧?

4. 다음 문장을 읽고 내용이 이어지도록 순서대로 나열하세요.

   (1) Ⓐ 不过现在堵车
   　　Ⓑ 他怕来不及，所以打算坐地铁去
   　　Ⓒ 李世明有急事要去银行

   _____ ▶ _____ ▶ _____

(2) Ⓐ 李世明从昨天晚上开始不舒服的

　　Ⓑ 现在他得去医院，好像今天不能去上课

　　Ⓒ 今天早上更严重了

　　＿＿＿＿ ▶ ＿＿＿＿ ▶ ＿＿＿＿

(3) Ⓐ 所以我打算去对面打车

　　Ⓑ 可是等了三十分钟，出租车*也没来

　　Ⓒ 听朋友说在这儿打车的话要绕路

　　＿＿＿＿ ▶ ＿＿＿＿ ▶ ＿＿＿＿

🎙 出租车 chūzūchē 몡 택시

(4) Ⓐ 所以我跑着去了学校

　　Ⓑ 我和朋友约好了九点在学校见

　　Ⓒ 可是我起床晚了

　　＿＿＿＿ ▶ ＿＿＿＿ ▶ ＿＿＿＿

5. 다음 글을 읽고 질문에 답하세요.

　　　昨天上午，李世明要坐十点的飞机去北京。但是他七点半才*起床，只好打的去了机场。从他家到机场，不堵车的话，三十分钟就能到。不过他去机场的时候，是上班*时间，路上很堵。到机场的时候，已经快八点半了。他很着急，先去换了登机牌，然后去了候机厅*，到登机口*时，离飞机起飞*还有十五分钟。

🎙 才 cái 튄 ~에야, ~에야 비로소 | 上班 shàngbān 图 출근하다 | 候机厅 hòujītīng 몡 탑승 대기실 |
登机口 dēngjīkòu 몡 탑승 게이트 | 起飞 qǐfēi 图 이륙하다

(1) 이세명은 왜 택시를 타고 공항에 갔나요?

Ⓒ ＿＿＿＿＿＿＿＿＿＿＿＿＿＿＿＿＿＿＿＿＿＿＿

(2) 이세명의 집에서 공항까지의 거리는 어떠한가요?

Ⓒ ＿＿＿＿＿＿＿＿＿＿＿＿＿＿＿＿＿＿＿＿＿＿＿

(3) 공항 가는 길에 차가 막힌 이유는 무엇인가요?

　　Ⓐ 机场离他家很远　　Ⓑ 天气不好　　　　Ⓒ 路上人太多　　　　Ⓓ 是上班时间

(4) 이세명은 몇 시에 탑승 게이트에 도착했나요?

　　Ⓐ 十点钟　　　　　　Ⓑ 九点半　　　　　Ⓒ 差一刻十点　　　　Ⓓ 九点二十五分

1. 녹음을 듣고 알맞은 중국어 단어를 쓰세요. MP3 w06-01

(1) _____ (2) _____ (3) _____ (4) _____

2. 녹음을 듣고 빈칸에 알맞은 내용을 쓰세요. MP3 w06-02

昨天，我打的去国家博物馆。上车后司机告诉我，前面 (1)_____，去对面打车更方便。但是我觉得过马路 (2)_____，所以没下车。那时 (3)_____，我们 (4)_____。

3. 녹음의 질문을 듣고 알맞은 대답을 중국어로 쓰세요. MP3 w06-03

(1) _____ (2) _____

(3) _____ (4) _____

4. 녹음의 대화를 듣고 다음 문장이 맞으면 ○, 틀리면 X를 표시하세요. MP3 w06-04

(1) 出租车司机不知道怎么去北京大学。 (　) (2) 女的学汉语学了两年了。 (　)

(3) 女的想打车去。 (　) (4) 小林的哥哥现在不在家。 (　)

5. 녹음을 듣고 다음 질문에 알맞은 답을 고르세요. MP3 w06-05

(1) 问："我"和小林昨天吃饭以后做什么了？
Ⓐ 逛街了 Ⓑ 买东西了 Ⓒ 喝咖啡了 Ⓓ 看电影了

(2) 问："我们"想看的电影是什么电影？
Ⓐ 中国电影 Ⓑ 美国电影 Ⓒ 韩国电影 Ⓓ 日本电影

(3) 问：出租车司机说，到电影院得多长时间？
Ⓐ 三分钟 Ⓑ 三十分钟 Ⓒ 十分钟 Ⓓ 二十分钟

(4) 问："我们"为什么看了别的电影？
Ⓐ 想看的电影没有票了 Ⓑ 别的电影更有意思
Ⓒ 没有时间 Ⓓ 不想看那部电影

说 말하기

1. 다음 문장을 중국어로 말해 보세요.

(1) 하마터면 지각할 뻔했다.

(2) 어쩐지 너 살 빠진 것 같았어.

(3) 보기에는 너 이전보다 훨씬 생기 있어.

(4) 한 마디로 정했어!

2. 다음 대화에 어울리는 내용을 중국어로 말해 보세요.

(1) A : 你和你哥哥谁高?

B : _____

(2) A : 明天去爬山怎么样?

B : _____

(3) A : _____

B : 怪不得你的汉语说得那么好。

(4) A : _____

B : 好，一言为定!

3. 다음 그림의 상황에 알맞게 대화를 만들어 보세요.

(1)

A : _____

B : _____

A : _____

B : _____

(2)

A : _____

B : _____

A : _____

B : _____

4. 본문의 내용을 생각하며 다음 질문에 답해 보세요.

(1) 林芳是从什么时候开始学游泳的?

(2) 林芳现在看上去怎么样?

(3) 林芳学游泳学了多长时间了?

(4) 世明最喜欢的运动是什么?

5. 다음 제시어를 이용하여 중국어로 이야기를 만들어 말해 보세요.

제시어
뚱뚱하다, 다이어트하다*, 달리다*, 10킬로미터*, 5킬로그램*

🗝 减肥 jiǎnféi 통 살을 빼다, 다이어트하다 | 跑步 pǎobù 통 달리다 | 公里 gōnglǐ 명 킬로미터(km) | 公斤 gōngjīn 명 킬로그램(kg)

_____

_____

_____

_____

08 | 你比以前精神多了

1. 다음 단어의 중국어와 한어병음을 쓰세요.

(1) 시작하다 C＿＿＿＿＿ P＿＿＿＿＿   (2) 마르다 C＿＿＿＿＿ P＿＿＿＿＿

(3) 수영 C＿＿＿＿＿ P＿＿＿＿＿   (4) 생기 있다 C＿＿＿＿＿ P＿＿＿＿＿

(5) 지속하다 C＿＿＿＿＿ P＿＿＿＿＿   (6) 사실은 C＿＿＿＿＿ P＿＿＿＿＿

(7) 운동 C＿＿＿＿＿ P＿＿＿＿＿   (8) 다른 날 C＿＿＿＿＿ P＿＿＿＿＿

2. 다음 제시된 중국어를 재배열하여 문장을 완성하세요.

(1) 就 / 志向 / 你 / 只要 / 能 / 有 / 成功 / 一定 ▶＿＿＿＿＿＿＿＿＿＿＿＿＿＿＿

(2) 她 / 精神 / 看上去 / 比 / 了 / 以前 / 多 ▶＿＿＿＿＿＿＿＿＿＿＿＿＿＿＿

(3) 下周 / 开始 / 妈妈 / 游泳 / 打算 / 从 / 学 ▶＿＿＿＿＿＿＿＿＿＿＿＿＿＿＿

(4) 昨天 / 小时 / 了 / 五 / 我们 / 的 / 飞机 / 坐 / 个 ▶＿＿＿＿＿＿＿＿＿＿＿＿

3. 주어진 문장을 모방하여 제시된 한국어의 의미에 맞게 중국어로 쓰세요.

(1) 这家书店比那家书店更大。

  ▶ 이 상점은 저 상점보다 더 비싸다.

  C ＿＿＿＿＿＿＿＿＿＿＿＿＿＿＿＿＿＿＿＿＿＿＿＿＿＿＿＿

(2) 今天早上，我差点儿迟到了。

  ▶ 어제 저녁에 나는 하마터면 그에게 전화하는 것을 잊어버릴 뻔했다.

  C ＿＿＿＿＿＿＿＿＿＿＿＿＿＿＿＿＿＿＿＿＿＿＿＿＿＿＿＿

(3) 我的汉语没有他好。

　　▶ 서울의 여름은 베이징보다 덥지 않다.

　　🄲 _____

(4) 只要不下雨，我们明天就去爬山。

　　▶ 차가 밀리지만 않는다면 우리 운전해서 가자.

　　🄲 _____

4. 제시된 단어를 이용하여 보기와 같이 비교문을 만들고 뜻을 쓰세요.

보기

高　　긍정문: 他比你还高。　　그 사람은 너보다 키가 더 커.
　　　부정문: 他没有你那么高。　그 사람은 너만큼 키가 그리 크지 않아.
　　　의문문: 他比你高吗?　　　그 사람은 너보다 키가 크니?

(1) 热　　긍정문: 🄲 _____　🄚 _____

　　　　　부정문: 🄲 _____　🄚 _____

　　　　　의문문: 🄲 _____　🄚 _____

(2) 贵　　긍정문: 🄲 _____　🄚 _____

　　　　　부정문: 🄲 _____　🄚 _____

　　　　　의문문: 🄲 _____　🄚 _____

(3) 胖   긍정문: © _____ 🄺 _____

              부정문: © _____ 🄺 _____

              의문문: © _____ 🄺 _____

(4) 聪明   긍정문: © _____ 🄺 _____

              부정문: © _____ 🄺 _____

              의문문: © _____ 🄺 _____

5. 본문의 내용을 참고하여 자신 혹은 친구의 운동 경험에 대해 작문해 보세요.

读 읽기

1. 다음 문장을 소리 내어 읽어 보세요.

(1) 只要好好儿复习，就能考好。

(2) 我打算从下周开始学游泳。

(3) 他比以前胖多了。

(4) 我差点儿迟到了。

2. 빈칸에 들어갈 알맞은 단어를 보기에서 고르세요.

보기

Ⓐ 只要　Ⓑ 精神　Ⓒ 没有　Ⓓ 差点儿

(1) 我的英语_____他那么好。

(2) 听到那句话后，她_____哭了。

(3) _____不下雨，我们就一起去。

(4) 看上去，你比以前_____多了。

3. 제시된 단어의 알맞은 위치를 고르세요.

(1) 更　　我觉得Ⓐ汉语Ⓑ比Ⓒ英语Ⓓ有意思。

(2) 多了　坚持Ⓐ一个月后Ⓑ她比以前Ⓒ瘦Ⓓ。

(3) 回来　Ⓐ他Ⓑ已经Ⓒ买Ⓓ了。

(4) 别　　Ⓐ忘了Ⓑ带Ⓒ汉语书Ⓓ。

4. 다음 문장을 읽고 내용이 이어지도록 순서대로 나열하세요.

(1) Ⓐ 姐姐最近胖了六公斤
　　Ⓑ 医生让她多出去运动运动
　　Ⓒ 所以她打算从下周开始去学游泳

_____ ▶ _____ ▶ _____

(2) Ⓐ 只要爸爸同意*

　　Ⓑ 可是不知道爸爸会不会同意

　　Ⓒ 我就能去

　　_____ ▶ _____ ▶ _____

　　🔑 同意 tóngyì 통 동의하다, 찬성하다

(3) Ⓐ 所以我也打算跟她一起去爬山

　　Ⓑ 坚持一个月后，看上去比以前精神多了

　　Ⓒ 我姐姐每个周末都去爬山

　　_____ ▶ _____ ▶ _____

(4) Ⓐ 小林不但会*说英语

　　Ⓑ 而且还会说汉语

　　Ⓒ 我差点儿忘了告诉你

　　_____ ▶ _____ ▶ _____

　　🔑 会 huì 조통 (배워서) ~할 줄 알다

5. 다음 글을 읽고 질문에 답하세요.

> 　　林芳在银行工作，每天工作都很忙，几乎没有时间去运动。她不但比以前胖了三公斤，而且还常常感冒。她从上周开始学游泳，每天下班以后去游一个小时。她坚持了一周，虽然*体重*还没有变化*，但朋友们都说她看上去比以前精神多了。　🔑 虽然 suīrán 접 비록 ~일지라도 | 体重 tǐzhòng 명 체중 | 变化 biànhuà 명 변화 통 변화하다

(1) 이전에 란팡은 왜 운동을 가지 않았나요?

　　Ⓐ 不喜欢　　　　　Ⓑ 常常感冒　　　　　Ⓒ 身体不好　　　　　Ⓓ 工作太忙

(2) 란팡은 언제부터 수영을 배우기 시작했나요?

　　Ⓐ 下班以后　　　　Ⓑ 每天　　　　　　Ⓒ 上周　　　　　　Ⓓ 以前

(3) 린팡은 왜 3킬로그램이나 쪘나요?

　　Ⓒ _____

(4) 1주 후, 린팡에게는 어떠한 변화가 생겼나요?

　　Ⓒ _____

听 듣기

1. 녹음을 듣고 알맞은 중국어 단어를 쓰세요. 🎧 MP3 w08-01

   (1) _____   (2) _____   (3) _____   (4) _____

2. 녹음을 듣고 빈칸에 알맞은 내용을 쓰세요. 🎧 MP3 w08-02

   小林从上个月 (1)_____学游泳，每周去三次，已经 (2)_____一个月了。现在她不但比以
前瘦了，还比以前 (3)_____了很多。世明也很喜欢游泳，所以他们打算 (4)_____一起去游泳。

3. 녹음의 질문을 듣고 알맞은 대답을 중국어로 쓰세요. 🎧 MP3 w08-03

   (1) _____   (2) _____

   (3) _____   (4) _____

4. 녹음의 대화를 듣고 다음 문장이 맞으면 ○, 틀리면 X를 표시하세요. 🎧 MP3 w08-04

   (1) 女的游泳后比以前胖了。　(　　)   (2) 女的今天没有运动。　(　　)

   (3) 明天的聚会男的不能去。　(　　)   (4) 女的比哥哥小三岁。　(　　)

5. 녹음의 대화를 듣고 다음 질문에 알맞은 답을 고르세요. 🎧 MP3 w08-05

   (1) 问：男的为什么比以前胖了？
      Ⓐ 吃得太多　　　Ⓑ 不锻炼*身体　　　Ⓒ 身体不舒服　　　Ⓓ 工作太忙

   (2) 问：女的每个星期练*几次瑜伽*？
      Ⓐ 一次　　　Ⓑ 两次　　　Ⓒ 三次　　　Ⓓ 五次

   (3) 问：女的练瑜伽以后怎么样了？
      Ⓐ 比以前胖了　　Ⓑ 比以前精神多了　　Ⓒ 比以前瘦了　　Ⓓ 比以前漂亮多了

   (4) 问：男的从明天开始打算做什么？
      Ⓐ 去图书馆学习　　Ⓑ 去练瑜伽　　Ⓒ 学习汉语　　Ⓓ 跑步

🔎 锻炼 duànliàn 통 (몸과 마음을) 단련하다 | 练 liàn 통 연습하다, 훈련하다 | 瑜伽 yújiā 명 요가 | 效果 xiàoguǒ 명 효과

10 | 刚刚有人把这本书借走了

说 말하기

1. 다음 문장을 중국어로 말해 보세요.

   (1) 이 책 좀 검색해 주시겠어요?

   (2) 문을 잘 닫아 주세요.

   (3) 내가 너를 도와서 커피 살게.

   (4) 방금 누군가 이 책을 빌려 갔어요.

2. 다음 대화에 어울리는 내용을 중국어로 말해 보세요.

   (1) A：这个问题你问过老师吗?

      B：_____

   (2) A：我很担心*这次拿不到奖学金*。

      B：_____

      🔑 担心 dānxīn 圏 걱정하다 | 奖学金 jiǎngxuéjīn 圐 장학금

   (3) A：_____

      B：太好了，谢谢你。

   (4) A：_____

      B：放在桌子上了。

3. 다음 그림의 상황에 알맞게 대화를 만들어 보세요.

   (1)
   A：_____

   B：_____

   A：_____

   B：_____

(2)

A: _____

B: _____

A: _____

B: _____

4. 본문의 내용을 생각하며 다음 질문에 답해 보세요.

(1) 李世明去图书馆做什么?

(2) 李世明去图书馆以前在网上查过吗?

(3) 李世明为什么找不到那本书呢?

(4) 怎么样才能更快地借到这本书呢?

5. 다음 제시어를 이용하여 중국어로 이야기를 만들어 말해 보세요.

제시어

친구, 소설, 삼국지*, 재미있다, 어렵다

🔑 三国志 Sānguózhì 명 삼국지[서명]

_____

_____

_____

_____

_____

写 쓰기

1. 다음 단어의 중국어와 한어병음을 쓰세요.

(1) 돕다   C_____   P_____   (2) 쓰다   C_____   P_____

(3) 층   C_____   P_____   (4) 예약하다 C_____   P_____

(5) 서비스   C_____   P_____   (6) 넘겨주다 C_____   P_____

(7) 웹 사이트 C_____   P_____   (8) 만약   C_____   P_____

2. 다음 제시된 중국어를 재배열하여 문장을 완성하세요.

(1) 吃 / 把 / 他 / 完 / 那个 / 菜 / 都 / 了

▶ _____

(2) 图书馆 / 在 / 你 / 的 / 网站上 / 可以 / 预约

▶ _____

(3) 搬* / 你 / 吧 / 把 / 张 / 到 / 桌子 / 外边儿 / 去 / 这   搬 bān 图 운반하다, 옮기다, 이사하다

▶ _____

(4) 网站 / 她 / 这本书 / 上 / 查 / 到 / 在 / 图书馆的 / 在三楼

▶ _____

3. 주어진 문장을 모방하여 제시된 한국어의 의미에 맞게 중국어로 쓰세요.

(1) 你把我的书放在哪儿了?

   ▶ 너는 그 사람을 집에 보냈니?

   C _____

(2) 你帮我把这件行李搬进去吧。

　▸ 네가 이 책 좀 넣어 줘.

Ⓒ _____

(3) 有学生证才能借书。

　▸ 신분증이 있어야 신용카드를 만들 수 있다.

Ⓒ _____

(4) 这个研究*刚刚开始。

　▸ 그 사람은 지금 막 집에 도착했다.

　　　　　　　　　　　　　　　　　　ℹ研究 yánjiū 몡 연구 통 연구하다

Ⓒ _____

4. 제시된 단어를 이용하여 보기와 같이 把 문형의 문장을 만들고 뜻을 쓰세요.

보기

借　긍정문: 小林把那本书借走了。　샤오린이 그 책을 빌려 갔어.
　　부정문: 小林没有把那本书借走。　샤오린은 그 책을 빌려 가지 않았어.
　　의문문: 小林把那本书借走了吗?　샤오린이 그 책을 빌려 갔니?

(1) 做　　긍정문: Ⓒ _____　Ⓚ _____

　　　　　부정문: Ⓒ _____　Ⓚ _____

　　　　　의문문: Ⓒ _____　Ⓚ _____

(2) 拿 긍정문: ⓒ_____ ⓚ_____

부정문: ⓒ_____ ⓚ_____

의문문: ⓒ_____ ⓚ_____

(3) 看 긍정문: ⓒ_____ ⓚ_____

부정문: ⓒ_____ ⓚ_____

의문문: ⓒ_____ ⓚ_____

(4) 介绍 긍정문: ⓒ_____ ⓚ_____

부정문: ⓒ_____ ⓚ_____

의문문: ⓒ_____ ⓚ_____

5. 본문의 내용을 참고하여 도서관에서 책을 빌린 경험에 대해 작문해 보세요.

1. 다음 문장을 소리 내어 읽어 보세요.

(1) 我帮你搬桌子吧。

(2) 钱包找不到的话，怎么办呢?

(3) 你别忘了把我的书带来。

(4) 这几天怎么看不到你呢?

2. 빈칸에 들어갈 알맞은 단어를 보기에서 고르세요.

보기

Ⓐ 知道　Ⓑ 预约　Ⓒ 网站　Ⓓ 刚刚

(1) 他_____出去，你明天再来吧!

(2) 这是我们学校的_____。

(3) 我也不_____他今天会不会来。

(4) 你能帮我在网上_____一下吗?

3. 제시된 단어의 알맞은 위치를 고르세요.

(1) 帮　　你Ⓐ能Ⓑ我Ⓒ买一杯咖啡Ⓓ吗?

(2) 过　　这个生词Ⓐ你Ⓑ查Ⓒ词典Ⓓ吗?

(3) 别　　你Ⓐ把Ⓑ我的手机Ⓒ放在桌子上Ⓓ!

(4) 到　　我Ⓐ去图书馆Ⓑ借Ⓒ那本书Ⓓ了。

4. 문장을 읽고 내용이 이어지도록 순서대로 나열하세요.

(1) Ⓐ 可是在二楼没找到
　　Ⓑ 他在图书馆的网站上查到这本书在二楼
　　Ⓒ 李世明要去图书馆借中国小说《兄弟*》

_____ ▶ _____ ▶ _____

⌁ 兄弟 xiōngdi 몡 형제

(2) Ⓐ 所以我陪他去医院看病*

　　Ⓑ 弟弟昨天晚上开着窗户睡觉了

　　Ⓒ 今天早上他发烧、头疼，好像感冒了

_____ ▶ _____ ▶ _____

🔑 看病 kànbìng 图 진찰 받다

(3) Ⓐ 你现在不看的话

　　Ⓑ 把它借给我看一下，好吗?

　　Ⓒ 这本书是你的吧

_____ ▶ _____ ▶ _____

(4) Ⓐ 哥哥刚刚下火车

　　Ⓑ 你等一会儿给他打电话吧

　　Ⓒ 现在正吃饭呢

_____ ▶ _____ ▶ _____

5. 다음 글을 읽고 질문에 답하세요.

> 　　下个月我要跟朋友一起去北京旅行，我已经在网上买好了飞机票，但是酒店*还没预订*好，我的中国朋友说帮我打电话预订。开始的时候我有点儿担心他订不到房间*，因为现在是暑假，很多酒店都住满*了。如果订不到酒店的话，就得去我朋友学校的宿舍。不过昨天我的朋友告诉我，他已经帮我预订到了一家酒店，就在他们学校附近，而且离长城也很近，太谢谢他了!
>
> 🔑 酒店 jiǔdiàn 图 호텔 | 预订 yùdìng 图 예약하다 | 房间 fángjiān 图 방 | 满 mǎn 图 가득차다

(1) '나'는 다음 달에 어디로 여행을 가려고 하나요?

　　Ⓐ 北京　　　　　Ⓑ 上海　　　　　Ⓒ 广州*　　　　　Ⓓ 天津*

🔑 广州 Guǎngzhōu 교유 광저우[중국의 지명] | 天津 Tiānjīn 교유 톈진[중국의 지명]

(2) '나'는 어디에서 비행기 표를 샀나요?

　　Ⓐ 旅行社*　　　　　Ⓑ 网上　　　　　Ⓒ 机场　　　　　Ⓓ 酒店

🔑 旅行社 lǚxíngshè 图 여행사

(3) 호텔을 예약하려던 초반에 '나'는 무엇을 걱정했나요?

　　Ⓒ _____

(4) 만약 호텔을 예약하지 못한다면 '우리'는 어떻게 해야 하나요?

　　Ⓒ _____

听 듣기

1. 녹음을 듣고 알맞은 중국어 단어를 쓰세요. 🎧 MP3 **w10-01**

(1) _____ (2) _____ (3) _____ (4) _____

2. 녹음을 듣고 빈칸에 알맞은 내용을 쓰세요. 🎧 MP3 **w10-02**

我要借一本汉语书，在图书馆的网站上查到这本书在三楼，可是去了三楼后 (1)_____。工作人员说，刚刚有人把它 (2)_____，我觉得 (3)_____。不过她告诉我，图书馆的借期是两周，如果在图书馆的网站上 (4)_____的话，就能更快地借到这本书。

3. 녹음의 질문을 듣고 알맞은 대답을 중국어로 쓰세요. 🎧 MP3 **w10-03**

(1) _____ (2) _____

(3) _____ (4) _____

4. 녹음의 대화를 듣고 다음 문장이 맞으면 ○, 틀리면 X를 표시하세요. 🎧 MP3 **w10-04**

(1) 女的还没把作业做完。 ( ) (2) 女的想在网上买火车票。 ( )

♪ 一半(儿) yíbàn(r) 冏 반, 절반

(3) 爸爸把孩子的手机放在书包里了。 ( ) (4) 男的觉得在图书馆找不到这本书。 ( )

♪ 可能 kěnéng 冏 아마도, 아마

5. 녹음을 듣고 다음 질문에 알맞은 답을 고르세요. 🎧 MP3 **w10-05**

(1) 问："我"什么时候借了一些书?

　　Ⓐ 去年　　　　　Ⓑ 上个月　　　　　Ⓒ 上个星期　　　　　Ⓓ 昨天

(2) 问："我"查电脑时，发现了什么?

　　Ⓐ 她借了一些书　　　　　　　　　Ⓑ 她的朋友把她的书借走了

　　Ⓒ 图书馆的电脑出了问题　　　　　Ⓓ 有两本书还没有还

(3) 问："我"去哪些地方找书了? (복수 선택)

　　Ⓐ 家　　　　　Ⓑ 教室　　　　　Ⓒ 宿舍　　　　　Ⓓ 图书馆

(4) 问：现在"我"觉得怎么样?

　　Ⓐ 高兴　　　　　Ⓑ 生气　　　　　Ⓒ 担心　　　　　Ⓓ 怕

MEMO

MEMO

MEMO